मैं हूँ बस्या

टीएन्नेस

ISBN 979-888591540-3

<u>**Dedicated to:**</u>

श्रृंगेरी शारदाम्बा

उडुपी श्री कृष्णा

रामबंटा हनुमान जी

मेरी मां और पिताजी

क्रम-सूची

प्रस्तावना   vii

भूमिका   ix

1. अध्याय 1   1

2. अध्याय 2   19

3. अध्याय 3   28

4. अध्याय 4   48

5. अध्याय 5   59

6. अध्याय 6   64

7. अध्याय 7   80

प्रस्तावना

यह एक बेहतरीन और रोचक पुस्तक है। यह पूर्ण रूप से एक पुरस्कार या एक फिल्म बनाने योग्य पुस्तक है ,आप क्यों नहीं इसे किसी फिल्मकार को बनाने के लिए देते? या किसी पुरस्कार से सम्मानित करने के लिए प्रस्तुत करते हैं? यह प्रतिक्रिया थी उस व्यक्ति की जिसने मेरे द्वारा लिखित कन्नड़ नॉवेल को पढ़ा और प्रशंसा की मेरी इस पुस्तक का नाम है ' नानू ना नैना' और मैंने इस प्रतिक्रिया का सम्मान करते हुए उनसे यह बताया कि, "मैं आजकल मलेशिया में रह रहा हूं 2 साल पहले जब मैं बेंगलुरु गया था कोरोना वायरस के संक्रमण के कारण तब मेरे कई दोस्तों ने मुझे यह सलाह दी कि मुझे इस पुस्तक को किसी पुरस्कार समिति या किसी फिल्मकार को दे देना चाहिए', और कुछ ही समय में तुम्हारी यह पुस्तक सिनेमाघरों में एक फिल्म के रूप में देखने को मिलेगी। पर एक दिन मेरे एक दोस्त ने कहा जिसकी वजह से मैं सोचने लगा ग्रामीण जीवन, शहरी जीवन शैली, सेना की जीवन शैली ,सुख-दुख ,प्रेम, मोहब्बत हर तरह के मनुष्य के मानसिक गाथाओं को सही मापदंड से इस पुस्तक में प्रस्तुत किया गया है और इस पुस्तक में भारत मूल का दर्शन कूट कूट कर भरा है इसीलिए आपको इस पुस्तक का अनुवाद अन्य भाषाओं में भी होना चाहिए। ताकि कोई पाठ्य पठान का शौकीन व्यक्ति इस खूबसूरत संरचना को पढ़ने से वंचित न रह जाए अतः इसे हिंदी तथा अंग्रेजी में भी अनुवाद होना चाहिएतथा।

मेरे दोस्त की सलाह पर में अनुवाद करने की दिशा में सोचने लगा। श्री रामा स्वामी तथा नव्या ने मुझे इस पुस्तक को अंग्रेजी में अनुवादित करने में सहायता दी और सुनंदा गौतम ने इस पुस्तक को हिंदी में अनुवाद करना उचित समझा। इन लोगों की मदद से मेरा पहला करना मेरी पहली कन्नड़ पुस्तक ' नानू नानैना', अब दो अन्य भाषाएं हिंदी और अंग्रेजी में भी पढ़ी जा सकती है। मैं हार्दिक बधाई और अभिनंदन करता हूं इन साथियों का जिन्होंने कड़ी मेहनत और समय देकर इस कार्य को पूर्ण किया मैं दिल से धन्यवाद करता हूं कि मेरे साथियों ने मेरी इस पुस्तक को सुचारू रूप से और खूब सुंदर तरीके से मेरी कल्पना से अधिक बढ़कर बेहतरीन रूप से अनुवादित किया है मैं बहुत आभार और धन्यवाद व्यक्त करता हूं अपनी पत्नी श्रीमती अक्षया राव को जिन्होंने मुझे इस पुस्तक को प्रकाशित करवाने में मुझे पूर्ण सहयोग दि। मैं आपको हिंदी संस्करण भेंट करना चाहता हूं। कृपया इसे स्वीकार करें और हमें आशीर्वाद दें। इस पुस्तक के पात्र काल्पनिक है और मैं आपसे आग्रह करूंगा कि आप मुझे जरूर बताएं कि आपको इन किरदारों तथा तथा उनके जीवन की परिस्थितियों के बारे में पढ़कर कैसा लगा धन्यवाद

- टीएन्नेस
03/Feb/2022
mailme@suresharao.com

भूमिका

रोचक, प्रेरक, मनोरंजक, मंत्र मुक्त,- यह वह शब्द है जो सबसे पहले मेरे मानस पटल पर आते हैं जब मैं बसया की कहानी को याद करती हूं मैं- यानी सुनंदा गौतम, जिसने टी एन एस द्वारा लिखित पुस्तक का हिंदी में अनुवाद किया है इस पुस्तक को पढ़ने के बाद आपको लगेगा कि इस पुस्तक ने और इसके पात्रों ने आप के मानस पटल पर लंबे समय के लिए अपनी छाप छोड़ दी है आप ना चाहते हुए भी समय-समय पर रह रहकर बसया और उसके जीवन के संबंधित प्रसंगों को याद करते रहेंगे। यह पुस्तक केवल मनोरंजक ही नहीं आप को प्रेरित भी करेगी मैं सभी से अनुरोध करती हूं कृपया खुले मन से और प्रेम से इस पुस्तक और उसके पात्रों को स्वीकार करें तथा मैं तहे दिल से टी एन एस का धन्यवाद करती हूं कि मुझे उन्होंने इस पुस्तक का अंश बनाया और मुझे इस पुस्तक को हिंदी में अनुवादित करने योग्य समझा। इस पुस्तक के पात्रों ने मेरे पर आजीवन के लिए एक प्रमुख छाप छोड़ दी है

मेरा परिचय(हिंदी अनुवादीका): मेरा नाम सुनंदा गौतम है मैं दिल्ली की रहने वाली हूं जहां तक मेरे अध्ययन का सवाल आता है मैंने बैचलर्स डिग्री इन होम साइंस (Bsc) और उसके बाद मास्टर डिग्री(Msc) इन चाइल्ड डेवलपमेंट हासिल की है कुछ सालों बाद मैंने बीएड(B.ED) भी की और स्वर्णिम नंबरों से उत्तीर्ण हुई कुछ साल तक मैंने अपनी विद्या और अपनी डिग्रीस को का उपयोग करके मंदबुद्धि बच्चों के स्कूल में कार्य किया स्पेशल एजुकेटर के रूप में। सौभाग्य से मेरे दो बच्चे हैं एक पुत्र एवं एक पुत्री और मेरे पति श्री विपुल गौतम इंजीनियर है। सौभाग्य से कोरोना महामारी के ऑनलाइन या यूं कहें आभासी दुनिया के चलते सौभाग्य से श्री टी एन एस से मेरा संपर्क हुआ और मैंने सहर्ष उनकी कन्नड़ भाषा में लिखित किताब को हिंदी में अनुवादित करना स्वीकार किया। हिंदी भाषा मेरी मातृभाषा है और मुझे दसवीं कक्षा तक इसको पढ़ने का सौभाग्य प्राप्त हुआ आज भी मैं गर्व महसूस करती हूं कि मैं एक हिंदुस्तानी होने के नाते अपनी मातृभाषा को भलीभांति मौखिक और लिखित रूप में प्रस्तुत कर सकती हूं।

- सुनंदा गौतम

1

"ओ बसया उठो, कितने आलसी हो तुम? सूरज सर पर चढ़ आया है, आधा दिन निकल आया है और तुम अभी तक सो रहे हो?, उठ जा और उठकर गोबर साफ कर ,, गाय का दूध निकालो और गाय का तबेला साफ करो मैं कहती हूं उठो1", नहीं, मेरे कान केवल वातावरण में गूंज रही सुंदर आवाजों को ही सुनना पसंद करते थे, मेरी सौतेली मां की आवाज मेरे कानों तक नहीं पहुंच रही थी 1 बहुत गहरी नींद में होने के कारण मैं ठीक से उनकी तरफ देख भी नहीं पा रहा था मेरा ध्यान और मेरा दिमाग केवल उस सुंदर सपने में अटका हुआ था जो मैं नींद देख रहा था इसलिए मैंने अपनी सौतेली मां की बातों को ध्यान ही नहीं दिया1 पर मैं इतनी गहरी नींद में था कि मुझे ऐसा महसूस हो रहा था कि वह बहुत दूर से मुझसे बात कर रही है बसंत का मौसम होता ही इतना मनमोहक है कि हर किसी को अपने वश में कर लेता है जैसे चुंबक लोहे को दूर से ही अपनी और आकर्षित करता है तो मेरे जैसा इंसान जिसने अपनी जिंदगी के 20 साल प्राकृतिक सुंदरता में बिताए हैं मैं क्यों नहीं प्रकृति की अपार सुंदरता की ओर आकर्षित होगा और उस में लीन रहेगा? पेड़, पौधे, जानवर, चिड़िया, मुझे कुदरत की इन सब निय इनामों से बेहद प्रेम था और इनकी मेरे जीवन पर गहरी छाप थी1 जब भी बसंत का मौसम आता कुछ ना कुछ नया देखने को और अनुभव करने को मिलता था पेड़ों में से पौधों में से नए पत्ते फूटने लगते थे, ठंडी हवा चारों ओर बहती थी ,और कोयल की आवाज गूंजती रहती थी, फलों का राजा आम भी इसी मौसम में आता था हर इंसान के मन में आम खाने की लालसा जाग उठी थी कोई भी प्रकृति की सुंदरता को बसंत के मौसम में शब्दों की माला में नहीं पिरो सकता सकता था बसंत के मौसम की सुबह का अनुभव और उसकी सुंदरता को कोई भी कभी शब्दों में बयान नहीं कर सकता यह केवल एक भावुक इंसान ही महसूस कर सकता है जैसे कि मैं1 यह एक बहुत ही विचित्र अनुभव होता है सूरज जब उगता है तो लगता है कि जैसे वह कोयल के मीठे गीत सुनने के लिए ही उगा है और वह धीरे-धीरे अपनी बाहें पसार रहा है खुले आसमान में और चंद्रमा को पीछे धकेल रहा है यह कहकर कि नहीं अभी मुझे और यहां पर रहने दो 1 जब सूरज की किरने बसंत मौसम में धरती पर पड़ती है हर चीज हर वस्तु में सूर्य की लालिमा और रोशनी दिखाई देती है धरती पर ही नहीं ऊपर आकाश पर भी सूरज की सुंदरता की छाप दिखाई देती है 1 पता नहीं मुर्गी के बच्चे और मुर्गी का सूर्य से क्या संबंध है? जैसे ही सूर्य की पहली किरण धरती पहुंचती है उठ जाते हैं और लोगों को भी

अपनी आवाज से जगा देते हैं मुर्गा ही नहीं गाय भी रंभा कर इंसानों को जागने के लिए कहती है बसंत का मौसम हर बार अपने साथ एक नया अनुभव और जवानी का जोश लेकर आता है। एक नई ऊर्जा का संचार होता है हालांकि मैं पत्थर पर सोता हूं जो सूर्य की किरणों से बहुत गर्म हो जाता है पर फिर भी मुझे थकान महसूस नहीं होती घर के अंदर रखा हुआ मैं बड़ा सा पत्थर मुझे अपने शयनकक्ष लगता है गाय का तबेला मेरा महल है और भैरव के पहाड़ जहां पर अपनी गायों को चराने ले जाता हूं वह मेरा कार्यस्थल 1 है मेरे दोस्त भी वह अपनी गाय और मवेशियों को चराने के लिए लेकर आते थे मवेशियों को अकेला छोड़कर तालाब के पानी में खूब खेलते थे। पत्थर पर लेटे ही कुछ ही मिनटों में मैं गहरी नींद में डूब जाता था और मां प्रकृतिक मां की गोद में सोने का अनुभव मुझे गहरी नींद में सो जाता था जैसे ही सुबह होती मुर्गी के बच्चों की आवाज मेरी नींद खराब कर देते थे जैसे कि वह कोई अलार्म की घड़ी हो मंद मंद बहती ठंडी हवा , आम के फल की मीठी सी खुशबू , गाय और कोयल के गाए गीत लोरी जैसे लगते थे। और मुझे सोने को मजबूर कर देते थे कैसे मुझे कोई इस मंत्र मोहित वातावरण से बाहर निकालते कोशिश कर सकता है। मैं गहरी नींद में सो गया। "उठो मैं कितनी देर से तुम पर चिल्ला रही हूं, तुम एक भैंसे की तरह सो रहे हो आलसी इंसान पता नहीं कौन से वक्त पर तुम्हारी मां ने तुम्हें जन्म दिया था? तुम्हें मेरी गोद में छोड़ कर खुद तो मर गई कुंभकरण की तरह दिन भर तुम सोते रहते हो और खाते रहते हो कितने आलसी इंसान हो।

मुझे नहीं पता कि मैं नींद में था या मैं जागा हुआ था पर अनजाने ही मेरी आंखों से आंसू बहने लगे। यह सच है कि उस समय ना तो मैं नींद में था और ना ही मैं जागा हुआ था मैं कहीं अधर में लटका हुआ था और मैं जानता था यह मेरी गलती है पर क्या जरूरी था मेरी सौतेली मां के लिए कि वह हर बात के लिए मेरी मां को ताना मारे या उनको बारे में बुरा भला कहे। बेमन से मैं उठा और प्रार्थना करने लगा अपने हाथों को देखकर मंत्र बोलने का लगा " कगारे वसते लक्ष्मी"..... मेरी मां ने मुझे यह मंत्र बचपन में सिखाया था जिसे मैं रोज सुबह सोकर उठते ही बोलता था इस मंत्र के हिसाब से माता लक्ष्मी, माता सरस्वती ,और माता गौरी हमारे हाथों में बसती है अगर यह सच है तो लक्ष्मी माता मुझसे इतनी नाराज क्यों हैं? यह सब सोचते हुए मैं उठा और हां मेरी सौतेली मां मुझ पर चिल्ला रही थी। मैंने सुना था कि जब हमारे देश में सूर्य चरम सीमा पर चमक रहे होते हैं तो इस दुनिया के अन्य देशों में उस समय शाम होती है। यह सोच कर मैं उठ गया पर वह कम से कम आधा घंटा तो मुझे सोने दे सकती थी जब तक कि सूर्य पूरी तरह चमकने ना लगे। अभी तो सूर्य देव भी पूरी तरह जागृत नहीं हुए थे साफ शब्दों में कहूं तो इस समय सुबह के 5:00 भी नहीं बजे थे ऐसे लग रहा था कि सूर्य देव अभी आधे रास्ते में ही हैं और मेरी सौतेली मां मुझ पर चिल्लाने लगी कि उठो और अपना घर का काम करो ऐसा लगता था कि जैसे मेरी सौतेली मां का काम सिर्फ मुझे जगाना है और उसके बाद अपनी इस बड़ी जिम्मेदारी को पूरा करके मैं फिर से सो जाती थी। पानी की टंकी से मैंने ठंडा पानी लेकर अपने चेहरे पर छींटे मारी ताकि मेरी बची कुची

नींद भी गायब हो जाए। मैंने कोयले से अपने दांत चमकाएं ,मैंने सुना था कि कोलगेट नाम का कोई दांत मंजन आता है और यह भी सुना था कि उसको इस्तेमाल करने से हमारे दांत मोतियों की तरह चमकते लगते हैं एक बार मैंने इस्तेमाल करने की कोशिश की अगली ही घड़ी मुझे मेरी सौतेली मां से बहुत डांट पड़ी उसी दिन मैंने फैसला कर लिया था कि अब मैं सिर्फ कोयले से दांत साफ करूंगा ।मैंने अपनी धोती से अपने चेहरे को सुखाया और गाय के तबेले क्यों चल पड़ा हमारे गांव का नाम चंदापुर है और जैसा कि नाम है वैसा ही हमारा गांव सुंदर है। हमारे गांव की एक तरफ है मधु गिरी पहाड़ी और दूसरी तरफ बाबागिरी पहाड़ी चारों ओर हमारा गांव चारों ओर से छोटे-छोटे पहाड़ियों से घिरा हुआ है हमारे गांव में केवल 20 घर है। यह कहना गलत नहीं होगा कि घर से ज्यादा यहां पर पहाड़ियां देखने को मिलती हैं। यहां पर भीम पहाड़ी भी दिखाई देती है कहा जाता है कि पांडवों ने अपने बनवास के दिनों में इस जगह पर कुछ समय बिताया था जब से इसका नाम भीम पहाड़ी पड़ गया है। यहा पर राम लक्ष्मण नाम की पहाड़ी ही दिखाई देती है और उसके आगे चलकर जाएं तो हनुमान पहाड़ी भी स्थित है। राम लक्ष्मण पहाड़ी के पास ही एक छोटी सी पहाड़ी है जिसका नाम सीता है कई पहाड़ियां यहां देखने को मिलती है जैसे ख्याति भगवान की, नवग्रह वीर पहाड़ी, चांदी की पालकी की पहाड़ी। पहाड़ियों के ऊपर चढ़कर हम अपने घरों को देख सकते हैं जिन्हें लाल रंग के पत्थर से ढका हुआ है हमारे गांव में बारिश बहुत होती है इसीलिए हम अपनी छत घर की छतों पर लाल रंग की टाइलें लगाते हैं क्योंकि वह बेहद मजबूत होती है और तेज बारिश से घर की रक्षा करती है साल 2 साल तक। कभी-कभी हालांकि एक दो बार हुआ है बारिश होने पर किसी किसी यह लाल छत की टाइल भी टूट गई। ऐसा होने पर गांव के लोग अपनी छतों को नारियल की छाल, बोरियों के भरे बैग और प्लास्टिक की चादरों से ढक देते थे। इतनी अधिक पहाड़ियों बीच में है हमारा गांव कि बारिश होना तो संभव ही है। और क्या यहां नदिया नहीं होंगी? बेहद सुंदर नदियां भी हमारे गांव से बहती है । भीम पहाड़ी से बहता हुआ झरना नदी का रूप ले लेता है और वह बसंती नदी के नाम से जाना जाता है। जो कई बार बारिश के दिनों में यह बसंती नदी में बहुत अधिक उफान आ जाता है और हमें डर लगता है कि कहीं हमारे घर इस नदी के पानी में डूब ना जाएं। कुछ भी कहो गांव के लोग सोचते हैं कि भैरव पहाड़ी के ऊपर काल भैरव भगवान बैठे हैं और यह भी सोचते हैं कि जहां पर बाबा काल भैरव भगवान हमारी रक्षा कर रहे हैं क्या बसंती नदी हमें किसी तरह का नुकसान पहुंचा सकती है? नहीं, उसे प्रभु के आगे सिर झुकाना ही पड़ेगा और खुद को शांत करना ही पड़ेगा। भैरव हमारे गांव को सुरक्षा प्रदान करते हैं इसीलिए बसंती नदी हमारे गांव तक गांव क्षति नहीं पहुंचा सकती। मेरी दादी मां की कहानियों को समझने के लिए मेरी उम्र के बस बहुत छोटी थी ऐसा लगता है कि हमारा गांव पहले एक जंगल था एक महान संत चंद्रास्वामी जंगल में रहने आए उन्होंने भगवान भैरव की बहुत सेवा की, रोज पहाड़ी चढ़कर उनकी पूजा करते थे और ध्यान लगाते थे सुनने में आया है कि चंद्र स्वामी एक टांग पर खड़े होकर काल भैरव की पूजा करते थे दूर-दराज में स्थित भट्टा गांव में प्लेग नाम की बीमारी ने गांव के बहुत अधिक लोगों की

जान ले ली और जो लोग बच गए वह भागकर यहां आ गए और हमारा गांव बन गया और जब लोगों ने देखा कि स्वामी काल भैरव की पूजा करते हैं सब लोगों ने उनका इस पूजा में साथ दिया इसी तरह एक बार बारिश के दिनों में बसंती नदी ने भैरव बाबा की पूजा करने वाले चंदा नंदा स्वामी को अपनी चपेट में ले लिया और वह नदी में बह गए, यह देखकर भैरव बाबा बहुत नाराज हुए और उन्होंने वसंती नदी पर गुस्सा किया और उसे श्राप दे दिया जब बसंती नदी को अपनी गलती का एहसास हुआ उसने भैरव बाबा से प्रार्थना की और माफी मांगी उस नदी की प्रार्थना सुनकर भैरव बाबा शांत हुए और और बसंती नदी को आदेश दिया कि वह भविष्य में उनकी पहाड़ी के पास से ना गुजरे तबसे बसंती नदी हमारे गांव के भीतर से होकर नहीं गुजरती मेरी दादी ने मुझे ऐसी कई कहानियां सुनाई थी एक बार उन्होंने मुझे महाभारत और रामायण की कहानी भी सुनाई थी एक दिन वह मुझे तेनाली रामा की कहानी सुनाती अगले दिन में मुझे पंचतंत्र की कहानियां सुनाती मेरी दादी कहानियों की खान थी ऐसी कोई भी कहानी नीति दुनिया की जो उन्हें ना आती हो और मैं उनकी गोद में सर रखकर कहानियां सुंदर-सुंदर सो जाया करता।

***

अपना चेहरा साफ करने के बाद मैं अपनी दिनचर्या में लग गया। मैंने गोबर उठाया उसे कूड़ेदान में डाला। गाय कामधेनु कां तबेला स साफ किया इस कार्य को करने से मुझे एक विचित्र सा सुकून महसूस होता था। कामधेनु इस धरती पर सबसे सुंदर और विचित्र प्राणी है , एक बेहद निश्चल और निष्कपट चरित्र की जानवर है इस धरती पर कामधेनु इंसानों का क्रूर और हिंसक व्यवहार सहन करती है और बदले में केवल इंसान की सेवा करना ही अपना जीवन का अपने जीवन समझती है। और दूसरी तरफ हम इंसान ,बेहद क्रूर, मतलबी, घमंडी और अहंकार से भरे हुए हैं। हम गाय माता को क्या देते हैं उसके बदले जो वह हमें देती है? थोड़ी सी घास और पानी जबकि वह हमें दूध ,दही, घी देती है जब मुझे प्यार से चाटती है तो सिर्फ एक ख्याल मेरे मन में आता है कि मैं इसके प्रेम और इसके दिए हुए उपहारों का कर्ज कैसे चुका पाऊंगा ? इंसान मुझे तेरे स्वार्थी स्वभाव से बेहद नफरत है। मैंने उसका अस्तबल साफ किया गया और पानी रख दिया और दूध निकाला और अंदर आकर देखा कि उसके दूध पर मोटी मलाई की परत थी जिसे देखकर मेरा मन खुश हो गया वापस तबेले जाकर मैंने उसके बच्चे को खोल दिया और उस बच्चे को मां के पास जाने दिया कामधेनु के बच्चे को अपनी मां का दूध पीते हुए देख कर मुझे बहुत खुशी होती थी वैसे भी कामधेनु मेरी मां तो नहीं थी पर मां की तरह ही मुझे प्यार देती थी बिना किसी स्वार्थी कारण से मुझे लगता था मेरी खातिर कामधेनु कितना कष्ट सहन करती है। अगर मेरी अपनी मां जिंदा होती तो क्या मुझे इस तरह परेशानी में देख सकते थे बिना जाने ही मेरी आंखों से आंसू बहने लगे। मैंने फिर से अपनी आंखें साफ की और उसकी तबेले की ओर चल पड़ा तकरीबन एक डेढ़ बाल्टी दूध निकला था जिसे मैंने कनस्तर में डाला और डेयरी की ओर ले कर चल पड़ा । "बेवकूफ इंसान थोड़ा पानी मिलाओ दूध में पूरा मलाई से भरा दूध लेकर डेरी में मत जाओ", पता नहीं

मेरी सौतेली मां यह बात नींद में बोल रही थी या जागी हुई थी पर यह बात है रोज बोलती थी। मेरा क्या जाता था मैंने भी उस में 3 मग भर के पानी डाल दिया कनस्तर को साइकिल से बांधा और डेरी की ओर निकल पड़ा देरी से निकलते वक्त हुसैन साहब ने कहा " बसया दूध का पैसा आ गया है अपनी मां को बोलना आकर पैसा ले जाए", मेरे मन में यह बात आई कि वह मेरी मां नहीं है मेरी सौतेली मां है जैन हुसैन साहब हमारे गांव के एक अमीर आदमी थे , व्यापार चलाते थे जैसे कि दूध की डेरी, राशन की दुकान और मिट्टी के तेल का गांव वालों को देने का। पास के गांव की बड़े बाजार में उनकी मुर्गी की दुकानें थी और कई छोटी-छोटी दुकानें थी मैंने सुना था कि हर साल चुनाव के समय विधायक, हुसैन साहब से मिलने आता था पता नहीं उन दोनों का क्या संबंध था पर उन्होंने पुलिया बनाने का कॉन्ट्रैक्ट हुसैन साहब को दिया था जो हमारे गांव को बसंती नदी से दूसरी ओर जुड़ेगा। यह सब तो ठीक है पर उन्होंने मेरी सौतेली मां को मां क्यों कहा? मेरी मां को गुजरे 10 साल हो चुके हैं और मेरे पिता ने इस औरत से केवल से शादी करें कि यह औरत मेरा ख्याल रख सके यह औरत मेरी मां लगती है सामने ऐसे क्यों सोचा? उन्होंने दूध का पैसा मुझे क्यों नहीं दिया? क्या उन्हें मुझे विश्वास नहीं है? हां शायद मुझ पर विश्वास नहीं करते । सौतेली मां को यह डर था कि मैं सारे पैसे लेकर कहीं शहर भाग जाऊंगा तो घर का काम जानवर और मवेशियों की देखभाल कौन करेगा इसीलिए उसने कभी मुझे किसी भी किसी तरह का भी पैसों के लेनदेन में शामिल नहीं किया। पर मैं ऐसे हार नहीं मानूंगा एक ना एक दिन मैं भी चला जाऊंगा और शहर में जाकर बस जाऊंगा शेट्टी, पाटिल, हमारे गांव से शहर जाते रहते थे शहर हमारे गांव से कहीं अधिक बड़ी जगह है लोग बाहर जाते हैं और उन्हें नौकरी मिल जाती है, पांच छह मंजिल के घर पर बने होते हैं, वहां बहुत सी गाड़ियां होती हैं , हर घर में टीवी होता है। हां मैं भी 1 दिन जाऊंगा आज नहीं तो कल शहर जाऊंगा और वैसे भी मैं पुलिस या भारतीय सेना में नौकरी करना चाहता हूं एक ना एक दिन मैं अपना यह सपना जरूर पूजा करूंगा यह सबसे सोचते सोचते मैं साइकिल चलाता हुआ घर पहुंच गया साइकिल को मैंने खड़ा किया मुझे नहीं पता कि मेरे लिए आगे क्या था। मैंने एक रोटी खाई और फिर गाय और मवेशियों को चराने के लिए निकल गया इस साल मैं 20 वर्ष का हो जाऊंगा मैं इस चंद्रपुरा गांव में ही पैदा हुआ था मेरे पिता संगीतकार थे मेरे पिता अपने संगीत के लिए काफी विख्यात और जाने पहचाने थे आसपास के 34 गांव में मेरे पिता सबसे विख्यात संगीत शिक्षक थे और सभी गांव उनको आमंत्रित किया करते थे इसका मतलब यह नहीं कि मेरे पिताजी बेहद पढ़े लिखे व्यक्ति थे उन्होंने स्कूली शिक्षा पूर्ण नहीं की थी । इतना ज्ञान हो इतना ज्ञान होने के बाद भी उन्होंने केवल चौथी कक्षा तक की पढ़ाई की थी। यह संगीत की शिक्षा मेरे दादाजी ने मेरे पिताजी को सौगात में दी थी गौरी शंकर के पहाड़ के समान उनके संगीत भी महान था। मेरे पिताजी को यह शिक्षा विरासत में उनके पिताजी से मिली थी उन्होंने छोटे-छोटे संगीत समारोह करने शुरू किए और वह स्तर पर पहुंच गए कि उनकी आवाज बड़े-बड़े संगीत समारोह में गूंजने लगी। भैरव मेले में भी मेरे पिताजी संगीत समारोह आयोजन करते थे भैरव बाबा की जीवन

कथा और उनके रथ के चलते समय मेरे पिताजी की आवाज में संगीत गूंजता था।

मेरे पिता की तरह मेरी माता भी मां सरस्वती की बहुत बड़ी भक्त थी मां सरस्वती विद्या की देवी होती हैं और जहां तक सहनशीलता की बात आती है मुझे लगता है मेरी मां देवी सरस्वती से भी कहीं अधिक सहनशील थी। वह घर के सारे काम परिवार की देखरेख झाड़ू, पोछा, सफाई,, खाना बनाना, खाना खिलाना, बर्तन धोना, कपड़े धोना ,और कई ऐसे काम खुशी-खुशी किया करती थी। मैंने कभी अपनी मां के चेहरे पर या उनकी बातों में थकान या दुख या उदासी नहीं देखी थी। मुझे बताया गया कि मैं मेरे माता-पिता की शादी के 6 साल बाद पैदा हुआ मेरे माता-पिता बच्चे पैदा होने की पूरी उम्मीद तोड़ चुके थे और जब मैं उनके जीवन में आया तो उन्हें बहुत ही खुशी महसूस हुई ,उनके परिवार में बढ़ोतरी हो रही है मेरे माता पिता ने मेरे जन्म की खुशी में पूरे गांव को दावत दी थी हालांकि मेरे माता-पिता बहुत पैसे वाले नहीं थे पर वह गरीब भी नहीं थी। 4 एकड़ की जमीन में इतनी धान उगा लेते थे जिससे अपने परिवार और अपने मेहमानों का अच्छी तरह ख्याल रख सकते हैं। हमारी गाय अच्छा और बहुत अधिक दूध देती थी इसलिए दूध , दही घी की घर में कोई कमी नहीं थी हम अपने घर में जमा हो रहे दूध को बाहर नहीं बेचते थे क्योंकि मेरे पिता इसके सख्त खिलाफ थे, वे कहते थे कि यह कामधेनु गाय का आशीर्वाद है इसे बेचना गलत होगा मेरी पढ़ाई घर में ही पूर्ण हुई जब स्वयं माता सरस्वती घर में रह रही थी, तो मुझे स्कूल जाने की क्या आवश्यकता थी जब मेरे परिवार के मुख्य सदस्य संगीत के प्रखर विद्वान थे तो मुझे उनसे अधिक विद्यावान अध्यापक कहां मिलता और बचपन से बचपन से ही मेरी मां ने मुझे पढ़ाई लिखाई का महत्व सिखाया था और वह मुझे दिन, महीने, हफ्ते, पंचतंत्र, महाभारत, रामायण की कहानियां सुनाएं करती थी और कई देवी-देवताओं के भजन और जीवन कथाएं भी सुनाती था। हालांकि मैं लड़का था फिर भी मेरी मां ने मुझे फूलों की माला बनाना खाना बनाना और रंगोली बनाना सिखाया था । 34 गांव के सबसे विद्वान संगीत के शिक्षक ने संगीत सिखाया। हालांकि मैं संगीत अच्छे से नहीं सिख पाया पर जितना भी मैंने सीखा मुझे बहुत आनंद आया। जब मैंने पहली कक्षा में स्कूल में दाखिला लिया उस समय मेरी उम्र साढे 5 साल थी उसके 1 साल के बाद मेरे गुरु, मेरी माता ,मेरी प्रेरणा का स्त्रोत,, का मेरे जीवन का सब कुछ मुझे छोड़ कर चली गई और उनकी मृत्यु हो गई जब यह खबर मुझे मिली मैं दूसरी कक्षा में पढ़ रहा था और मुझे लगा जैसे मेरे सिर पर किसी ने वज्रपात कर दिया हो।

***

अपनी रागी रोटी खाने के बाद ,गाय को चारा देने के बाद मैं भैरव पहाड़ी की ओर चलने लगा। अपने स्कूल की आंगन से गुजरता हुआ मैं दूसरी तरफ पहुंचा जहां भीम पर्वत स्थित था वहां से दूसरी दिशा में एक काले रंग की पहाड़ी दिखाई देती थी जिसका नाम था हनुमान पत्थर, अगर हम उसको पार कर जाते तो हम राम लक्ष्मण , पहाड़ी और सीता पहाड़ी से गुजरते हुए भैरव पहाड़ी तक पहुंच जाते हैं। मुझे याद है मेरी मां ने मुझे बताया था कि राम लक्ष्मण और सीता इस पहाड़ी पर बैठते थे इसलिए इसका नाम राम लक्ष्मण सीता पहाड़ी है

जब भीम और हनुमान के बीच में , युद्ध हुआ था तब भीम द्वारा फेंका गया एक बड़ा पत्थर जो यहां आकर रुका उसको भीम पहाड़ी कहा गया ,और जिन को हनुमान जी ने फेंका था उन्हें हनुमान पहाड़ी कहा गया। पहाड़ी को हम दूर से ही देख सकते हैं लक्ष्मण पहाड़ी को पार करके हमें वहां से गुजरने के लिए जंगल से भी गुजरना पड़ता है अपनी मवेशियों को भैरव पहाड़ी पर छोड़कर आसपास देखने लगा मेरे खास दोस्त अभी तक नहीं आए थे मैंने वहां के तालाब में अपने हाथ और पैर धोए वहां से कुछ फूल तोड़े और भैरव मंदिर के अंदर चला गया मैं वहां बैठा और वह भजन गाने लगा , मेरी मां ने मुझे सिखाया था -शिव शिवा शिवा शिवा- भजन के बोल कुछ इस तरह से - "भैरव हमारे देश की रक्षा करने वाले हम तुमसे अपनी गलतियों की माफी मांगते हैं, आपके सामने हाथ जोड़कर खड़े हैं" उसी समय मेरा दोस्त स सानिया भी वहां पहुंच गया और उसने मुझे पूछा वह बताया तुम यहां क्या कर रहे हो तुम अभी तक थीम्मा नहीं आया?, मैंने उससे पूछा। ऐसा लग रहा था जैसे मेरे दोस्त थीम्मा का बच्चा बीमार है कल वह उस बच्चे को मेरे घर लाया था और उसने मेरे पिताजी से कहा था कि वह उसके बच्चे के लिए 3 दिन की दवाई ला दे। शायद घर पर अपने बच्चे का ध्यान रख रहा है छोड़ो ऐसा कह कर हम दोनों तालाब की ओर चल पड़े तैरने के लिए। मैं, सानिया और थीम्मा बहुत अच्छे और पक्के दोस्त हैं। हमारी दोस्ती 10 साल से भी अधिक पुरानी थी हम दिन रात साथ रहते थे एक दूसरे के और हम मवेशियों को चराने के लिए भी साथ ही आते थे । हम पहाड़ी के चारों ओर घूमती पत्थरों पर चढ़ते, आम के बगीचे में जाते, और उस बड़े से तालाब में तैरते और जब थक जाते तो भैरव के मंदिर में जाकर थोड़ी देर सो भी जाते थे और शाम को वापस आ गए थे। हम पुराने जमाने की खेल जैसे कबड्डी भी आपस में खेलते थे मेरी सौतेली मा चिल्लाकर बोलती थी," सानिया से दूर रहो यह नीची जाति का है", और मैं सोचता था मेरी दोस्ती का जात पात से क्या लेना देना ?, यह मेरी मां की दी हुई शिक्षा नहीं है इसलिए मैंने जाति के नाम पर सानिया से किसी तरह की दूरी नहीं करी वह हमेशा ही मेरा दोस्त रहा। सानिया मुझसे उम्र में 5 साल छोटा था और उसकी अभी से मूंछ निकलने लगी थी हालांकि वह शरीर से काफी लंबा चौड़ा और मोटा था पर वह बिल्कुल आलसी नहीं था इसके अलावा वह जंगल के तरह-तरह के पेड़ों के बारे में बहुत अधिक जानकारी रखता था गांव के सभी लोग जानते थे कि सानिया के पिता सांप के काटने की दवाई देते हैं। चाहे कभी भी और किसी भी समय किसी गांव वासी को अगर सांप ने काटा होगा तो सानिया के पिता समय नहीं देखते थे तुरंत मदद करने पहुंच जाते । कभी-कभी सानिया भी उनके साथ आता था उस समय सानिया के पिता उन्हें तरह-तरह के पेड़ों के बारे में जानकारी देते थे कभी-कभी तो सानिया स्वयं जाकर भी उन पेड़ों से जड़ी बूटियां लाकर दवाई बनाता था अपने पिता जितना सतर्क और ज्ञानी नहीं था पर वह अच्छी खासी दवाई बना लेता था । सानिया हमें दोनों को कभी भी इन पेड़ों के बारे में कोई जानकारी नहीं देता हमें दूर खड़ा कर देता था और स्वयं अकेला जाकर ही लेकर आता था । उसका कहना था कि अगर कोई और दूसरा देख लेता है तो यह पर जड़ी बूटियां काम नहीं करती क्या। थीम्मा मुझसे उम्र में 1 या

2 साल बड़ा था हालांकि वह देखने में बहुत अच्छा नहीं था और उसका रंग काफी गहरा था उसकी शारीरिक बनावट बहुत आकर्षक थी मैं अक्सर उसके घर उसके बच्चे के साथ खेलने जाता था क्योंकि सानिया नीची जात का था वह उसके घर नहीं जा सकता था तो दोस्ती का मान रखने के लिए मैं भी नहीं जाता था अगर सानिया पेड़ों और बंदरों के खेल में माहिर था तो थिम्मा तैराकी में बेजोड़।

मुझे और सानिया को तैरा तैराकी थिम्मा नहीं सिखाई ने ही सिखाई शुरू में जब हम कुछ भी नहीं सीख पा रहे थे तो थिम्मा ने एक तरीका निकाला और उसने जबरन हमें पानी में धक्का दे दिया सिर्फ इस इरादे से कि पानी में कूद लेंगे तो तैराकी भी सीख जाएंगे, हुआ भी वही धीरे-धीरे हम तैरना सीख गए अपने आप। और आजकल तो मैं इतनी अच्छी तरह से डरने लगा हूं तैराकी करने लगा हूं कि थिम्मा को भी मात दे देता हूं थिम्मा केवल उम्र में ही नहीं जिंदगी के अनुभव में भी मुझसे बड़ा था उसे कई बातों के बारे में बहुत जानकारी थी। थिम्मा कई वर्षों वर्षों से अपने पिता की दुकान में काम करता था थिम्मा को बचपन से जानता हूं थिम्मा एक बहुत ही बुद्धिमान लड़का था जिसे हिसाब किताब, बहीखाता और पैसे का लेनदेन करना बहुत अच्छी तरह से आता था। थिम्मा सही समय पर सही बात बोलता था और अपने फैसले पर अडिग रहता था जब भी मैं और सानिया खेतों से आम या नारियल चुराते हुए पकड़े जाते थिम्मा ही हमें बचाता था। आज मैं और सानिया थिम्मा के बगैर ही तैरने जाएंगे उस समय मेरी उम्र केवल 7 साल की थी और मैं दूसरी कक्षा में पढ़ता था उन दिनों पाठ्यक्रम आजकल के जैसे नहीं था केवल पुस्तक के ज्ञान पर ही जोर नहीं दिया जाता था हमें वर्णमाला हमें भारत देश के विभिन्न शहर उनकी संस्कृति उनकी राजधानी उनकी उनकी सांस्कृतिक धरोहर, और भूगोल, से भी परिचित किया जाता था गणित से संबंधित सभी ज्ञान मुझे घर में ही प्रदान किया गया। मैं अपनी कक्षा का मॉनिटर हुआ करता था और अगर कोई बच्चा कक्षा में दिनों के नाम या महीनों के नाम में गलती करता था तो मैं उसे सही बात बता दिया करता था और वैसे भी पहली कक्षा से लेकर चौथी कक्षा सामूहिक रूप से एक बड़े से हॉल में ली जाती थी हमें मिथुन नाम की एक मास्टर जी पढ़ाया करते थे यहां तक की पहली से चौथी कक्षा का पाठ्यक्रम भी सामान्य था। मिथुन मास्टर जी की अनुपस्थिति में मैं कक्षा और कक्षा के बच्चों का ध्यान रखना सकता था और जब भी बच्चे कक्षा में शरारत करते या बात नहीं सुनते तो डांट दिया करता था जो बच्चे बात नहीं सुनते थे उन बच्चों के नाम मैं ब्लैक बोर्ड पर लिख देता था और जब मैं सी कक्षा में वापस आते हैं तो उन्हें डांट घूस दिया करते थे मिठाई या फल के रूप में ताकि मैं उनकी शर्तों को माफ कर दूं और उनका नाम ना लिखो उनमें से कई बच्चे घर आकर मेरी मां से शिकायत करते थे कि मेरी वजह से उन्हें मार पड़ी क्योंकि मैंने उनका नाम ब्लैकबोर्ड पर लिख दिया था कि मेरी मां जो कि सहनशीलता की एक प्रतीक थी उन बच्चों की बात को ध्यान से सुनती थी और फिर उन बच्चों को समझाती थी क्यों नहीं करनी चाहिए और फिर उसके बाद मुझे उनके साथ खेलने भी भेज देती थी खेल समाप्त होने के बाद मेरी मां उनसे बच्चों को खाना भी देती थी और

प्यार भी करती थी उन दिनों मेरे पिताजी ड्रामा कंपनी के साथ हैदराबाद गए हुए थे1 4 दिनों के लिए मैं और मेरी मां घर में अकेले थे एक दिन मेरी मां मुझे बहुत थकी हुई लगी उन्होंने मुझसे कहा," बेटा आज मुझे बुखार है मैं कुछ नहीं खाऊंगी आओ मैं तुम्हें खाना खिला देती हूं खाना खिला कर उन्होंने मुझे सुला दिया1 मेरी मां सुबह उठी उन्होंने सारा घर साफ किया और घर के बाहर रंगोली बनाने के बाद गाय को चारा डालने के बाद गाय के तबेले को साफ करने के बाद जब मैं अंदर आया तो देखा मेरी मां ने मेरे लिए गरम-गरम रोटियां बना दी थी नाश्ता खाने के बाद मैंने स्कूल जाने के लिए अपना सामान उठाया मां से चौक पेंसिल मांगने लगा तो यह देखकर मा बोली," यह बताओ जो चौक मैंने तुम्हें कल दिया था उसका क्या किया? उसको खा गए या उसे कुछ काम भी किया?" यह सुनकर मैं वहां चुपचाप खड़ा रहा मा की तरफ देखता रहा मुझे देखकर मेरी मां अपनी हंसी नहीं रोक पाए और उन्होंने मुझे एक और चौक पेंसिल दे दी और यह हाथ में लेकर मैं स्कूल भागा 1 उस दिन मिथुन मास्टर जी हमें सौरमंडल की शिक्षा दे रहे थे उन्होंने बताया कि सूर्य सौरमंडल का सबसे बड़ा अंग है अब इतना विशाल है कि सभी ग्रह उसके आसपास चक्कर काटते रहते हैं इस चक्कर काटने की प्रक्रिया से ही धरती पर दिन रात होती है1 मिथुन मास्टर जी जब पढ़ाते थे ऐसा लगता था कि वह कोई कहानी सुना रहे हैं उनकी कोशिश रहती थी कि वह इस तरह पढ़ाई के बच्चों के मन में एक चलचित्र या एक छवि सी बन जाए उस पाठ की उन्होंने हमें बताया कि दो ग्रहों के बीच में करोड़ों मिलो की दूरी होती उन्होंने यह भी बताया कि हमारा गांव और गांव के पास दिन आशापुरा गांव आधा मील की दूरी पर है तो इसी से हम करोड़ मिल की दूरी का अंदाजा लगा सकते हैं उन्होंने यह भी बताया कि सूरज और सबसे छोटे ग्रह के बीच में भी करोड़ों मिलो की दूरी है 1 हमारे मास्टर जी स्वयं ही सवाल पूछते थे और स्वयं ही उन सवालों का जवाब भी दे देते थे यही सब चल रहा था कि कक्षा में सामने आए सन्ना आए और उन्होंने आकर मिथुन मास्टर जी के कान में कोई बात कही मास्टर जी ने अपना चश्मा उतारा और मुझे कहा कि मुझे सन्ना के साथ चले जाना चाहिए 1 मुझे लगा शायद मेरी शिकायत करने आए हैं क्योंकि बीते दिन मैंने उनके कुत्ते को पत्थर से मारा था इससे डर के कारण मैं अपनी कुर्सी पर ही बैठा था यह देखकर मासी जी मेरे पास आए मुझे जोर से गले लगाया और कक्षा में किसी को कुछ समझ नहीं आया कि यह सब क्या हो रहा है उस दिन मास्टर जी ने सब बच्चों को घर जाने के लिए बोल दिया और स्कूल में छुट्टी घोषित कर दी गई मास्टर जी ने मेरा हाथ पकड़ा और मुझे मेरे घर की ओर लेकर चल पड़े 1 जब तक हम घर पहुंचे मैंने देखा कि मेरे घर में पटेल और कुछ औरतें इकट्ठा हुए हैं1 मैं सोचने लगा कि यह सब यहां क्यों आए हैं? मुझे कहा यहां से नहीं मुख्य द्वार से घर के अंदर जाओ जैसे ही मैं घर में दाखिल हुआ था थिम्मा की मां रोते हुए मेरी ओर दौड़ कराई और मुझे बोला कि तुम्हारी मां चल बसी है1, चल बसी है का क्या मतलब होता है? मैं नहीं जानता था कि मुझे इतना समझ में आया कि मेरी मां एक ऐसी जगह चली गई है कि वहां से कभी वापस नहीं आएगी यह सब सोचकर मैंने देखा कि पटेल वहां खड़े होकर सब लोगों को निर्देश दे रहे हैं किसी ना किसी कार्य के लिए

और बोल रहे हैं कि जाकर पंडित को बुलाकर लाओ1 पेड़ के ऊपर बैठे हुए सानिया ने जोर से चिल्लाकर मुझे बताया "बसया देखो फिर थिम्मा आ गया है", यह सुनते ही मेरे अंदर एक नई शक्ति और नई ऊर्जा का संचार हुआ मैं सोचता था कि जब गांव के सब लोग आसपास के इलाके में जाकर अपने मवेशियों को चलाते हैं तो हमें भैरव पर्वत जाने की क्या जरूरत है? यह सवाल कई बार मेरे मन में उठता था इस सवाल का जवाब मुझे थिम्मा ने दिया और कहा वहां जाकर हम जो चाहे वह कर सकते हैं खुलकर बात कर सकते हैं ,खेल सकते, हैं गाना गा सकते हैं, नाच सकते हैं, और पानी में तैर भी सकते हैं पूरी दुनिया को भुला कर हम कुछ समय के लिए बहुत आनंद ले सकते हैं1 "अरे बसाया ,तुम शहर क्यों नहीं चले जाते? तुम्हारी तो आवाज बहुत अच्छी है, अच्छे गाने गाकर तुम अपने पिता की तरह नाम कमा सकते हो और धन भी कमा सकते हो" थिम्मा ने कई बार हेमा यह बात मुझसे कही है हां मुझे भी लगता है कि मुझे यहां से चले जाना चाहिए क्योंकि मेरी सौतेली मां मुझे बहुत दुख पहुंचाती है पर जिस घड़ी थिम्मा जैसे दोस्त से दूर जाने का ख्याल आता है मेरा मन डर जाता है और मैं यह विचार त्याग देता हूं मेरा दोस्त थिम्मा मेरे जीवन का एक अटूट अंग है जैसे ही सानिया ने मुझे बताया कि थिम्मा आ गया है मेरा मन खुशी से झूम उठा थिम्मा ने आकर बताया "मेरा बच्चा बीमार है, पर अब जब वो थोड़ा ठीक हुआ तो मैं तुम लोगों के पास चला आया चलो अब हम तो पानी में तैरते हैं", उसकी हां में हां मिलाते हुए हम ने सिर हिलाया और उसके पीछे पीछे चल गए चल पड़ेL रास्ते में सानिया थिम्मा हो बच्चे की सेहत से संबंधित और दवाइयों से संबंधित जानकारी दे रहा था1 और वह अचानक से एक पेड़ पर चढ़ कुछ पत्ते तोड़े और उसकी दवाई बनाकर उसने कहा कि थिम्मा यह दवाई बच्चे को खिलाओ ठीक हो जाएगा तो मैंने कहा, "सानिया, तुम तो कहते हो कि दवाई असर नहीं करती अगर कोई उसे बनते हुए देख ले", यह सुनकर वह बोला अरे ऐसा कुछ नहीं है यह केवल हमारे व्यवसाय की कुछ गुप्त बातें हैं जो हम बाहर वालों को नहीं बताते यह थिम्मा ओर देखा और दोनों हंसने लगे और फिर थिम्मा बोला "मुझे कुछ नहीं पता मेरा बच्चा बहुत ही छोटा है, तो अगर यह दवाई बड़े लोगों को ठीक कर सकती है तो छोटे बच्चे को तो जरूर ठीक कर देगी ",यह सुनकर सानिया फिर से हंसा मुझे कुछ समझ में नहीं आ रहा था मुझे स थिम्मा की तरह दुनियादारी की इतनी समझ नहीं थी1, मैं तो केवल अपने जीवन में अपनी दिनचर्या में ही उलझा रहता था अपना काम मवेशियों की सेवा करना उन्हें चराना, खाना खिलाना, सफाई करना बस इन सब कामों में उलझा रहता था1 दोस्तों के अलावा इस दुनिया में केवल संगीत ही ऐसी वजह थी जो मुझे जीवित रखे हुए थे हालांकि मैं अपने पिता की तरह गायक नहीं था मेरी आवाज इतनी तो मधुर जरूर थी अगर मैं गलती करता किसी को पता नहीं चलता1

***

थिम्मा मुझे अक्सर यह बात बोलता था कि मुझे गांव छोड़कर कहीं और जा कर रहना चाहिए अपनी सौतेली मां के अत्याचारों से दूर1 उसे लगता था कि मैं संगीत के बल पर अपनी एक नई दुनिया बना सकता हूं मैं कहां जाऊंगा? इस धरती पर मेरा कौन है? अगर

मेरी सौतेली मां से बात पता चली तो मुझे बहुत मारेगी और गुस्सा करें जैसी भी हो कम से कम वह मुझे दो बार को खाना तो देती है और मुझे सोने के लिए भी जगह प्राप्त है नई जगह जाकर मुझे खाना कौन खिलाएगा ?और मैं कहां सोऊंगा? और अगर मुझे खाना नहीं मिला तो कैसे जिउंगा? किस तरह का जीवन होगा मेरा आगे?, यही सोचता रहता था मेरी उम्र तक तो थिम्मा की शादी भी हो चुकी थी और उसके दो बच्चे भी हैं और यहां मैं हूं जिसे संगीत की देवी सरस्वती ने एक वरदान दिया है सुंदर आवाज के रूप में और मैं आजाद होकर अपने सपनों को भी नहीं जी सकता। अगर मेरी मां होती तो वह जरूर मुझे संगीत समारोह में गाना गाने के लिए प्रोत्साहित करती और मेरे लिए संगीत का सम्मेलन करती। हां मुझे यह गांव छोड़कर शहर चले जाना चाहिए मुझे एक बहुत बड़ा गायक बनना चाहिए, नहीं नहीं! मैं गायक नहीं बन सकता क्या मैंने अपने पिता को संगीत की दुनिया में संघर्ष करते नहीं देखा? देखा है वह एक जगह से दूसरी जगह घूमते रहते हैं यह भी नहीं पता जीवित भी हैं या नहीं। संगीत का विचार छोड़कर मुझे पुलिस या भारतीय सेना की नौकरी करनी चाहिए अगर मैं पुलिस बन गया तो मैं किसी को भी अत्याचार करने का दंड दे सकता हूं और वापस गांव आकर अपनी सौतेली मां से बदला भी नहीं सकता हूं

पता नहीं क्यों आज मैं बहुत थका हुआ महसूस कर रहा हूं इसीलिए मैं जल्दी घर वापस जाना चाहता हूं। आज तो मेरा पानी में तैरने का मन भी नहीं है। पूर्ण रूप से आज मैं उत्साहित नहीं हूं जैसा रोज होता हूं । मैंने थिम्मा को बताया कि मैं जल्दी घर चला जाऊंगा उसने कहा जरूर जाओ हमने अपने कपड़े बदले, भैरव मंदिर के सामने हम गए। पता नहीं क्यों आज मेरा दिमाग में बहुत उथल-पुथल हो रही थी अचानक से मुझे जोर से रोना आया था थिम्मा और सानिया की तरफ देखकर मैं पेड़ से लग कर बैठ गया और जोर से रोने लगा तो मेरे दोस्त ने पूछा, "क्या हुआ ?क्यों रो रहे हो? मेरे दोस्तों ने मुझे प्यार किया और साथ सांत्वना दी। मैं इस बात को स्वीकार नहीं कर पा रहा था कि मेरी मां जिसने मुझे जन्म दिया जो मेरे लिए मां से कहीं अधिक थी जो मेरे लिए शिक्षक थी ,मेरी मार्गदर्शन थी, जो मेरे लिए दुनिया में सबसे अधिक महत्व रखती थी । अब मेरे साथ नहीं है हालांकि मैं बहुत छोटा था उम्र में ,मृत्यु को समझने के लिए पर मैं वहां बैठ कर रोता रहा। मेरी मां कहती थी कि जो लोग मर जाते हैं मैं भगवान के घर चले जाते हैं और भगवान से और भी अधिक नजदीक हो जाते हैं, तो इसका मतलब मेरी मां भगवान के पास है और अगर भगवान के पास है तो वापस नहीं क्यों नहीं आई? क्या भैरव भगवान मेरी मां को वापस भेज देंगे? मैं प्रार्थना करूंगा। इस तरह हजारों सवाल मेरे दिमाग में चल रहे थे मुझे कुछ समझ नहीं आया था बस मैं पेड़ पर पीठ दिखा कर बैठा रहा चुपचाप और देखता रहा, आंखों से आंसू बहते रहे। "पता नहीं बंगारा अब कहां है? ऐसे लगता है कि वह किसी दूर जगह ड्रामा कंपनी के साथ चला गया है किसी को नहीं पता कि वह कहां गए हैं ?और कब लौटेंगे? मैंने ड्रामा कंपनी के एक अभिनेता जग कप्पा को खबर दे दी है और कहा है कि जब वह वापस आए तो हमसे संपर्क करें"। थिम्मा के पिता जी यह बात पटेल को बता रहे थे अब इसके बाद क्या किया जाए? यह सवाल उनके चेहरे पर

साफ दिखाई दे रहा था 1 "हिम्मत रखो हम सब हैं तुम्हारे साथ" थिम्मा को देखते ही मेरा मन शांत हो गया और कुछ देर के लिए मेरे आंसू थम गए1 पटेल ने किसी को बोला कि मेरे मां के पार्थिव शरीर को उठाकर दरी पर रख दे1 गांव का पंडित जो उसमें बैलगाड़ी में आया था उसने कुछ मंत्रों का उच्चारण किया जो मुझे समझ में नहीं आ रहे थे पर मुझे इतना पता है कि मेरे हाथ वह काम करते जा रहे थे जो मुझे करने को पंडित ने कहे बिना उनको जाने , समझे मैं केवल पंडित के आदेशों का ही पालन कर रहा था1 मैंने चिता को आग लगाई जिस पर मेरी मां का पार्थिव शरीर रखा हुआ था पता नहीं गर्मी की वजह से या खाली पेट की वजह से या दुख की वजह से मुझे चक्कर आने लगे और मैं बेहोश हो गया1 मुझे नहीं पता कि कब मुझे होश आया जब मुझे होश आया मैंने देखा कि थिम्मा मेरे पास बैठा है और उसकी मां हाथ से बने पंखे से मुझे हवा कर रही है मुझे अब यह पक्का विश्वास हो गया था कि मेरा आगे का जीवन थिम्मा के साथ ही कटेगा1

***

"मैं कहता हूं तुम एक व्यषक हो और उस औरत से डरते हो ?चलो घर चलो देखते हैं वह क्या करती है? वह तुम्हारे बारे में क्या सोचती है? तुम उसके बंधुआ मजदूर नहीं हो चलो चलते हैं मैं भी तुम्हारे साथ चलता हूं मैं उससे बात करूंगा", सानिया जो जी में आ रहा था वह बोले जा रहा था1 हां जो सानिया कह रहा था वह ठीक है मुझे अपनी सौतेली मां से किस बात के लिए डरना है? यह घर मेरा है मैं यहां पैदा हुआ हूं और मैं इस घर का मालिक हूं उसका क्या हक बनता है कि वह मेरे ऊपर नियंत्रण रखें? या जब यह घर इस घर का पैसा, जमीन ,जायदाद, सब कुछ मेरे पिता और मेरे दादा का है मैं एक बंधुआ मजदूर की तरह क्यों डरता हूं? मैंने थिम्मा की ओर इस बात की पुष्टि करण की दृष्टि से देखा कि जो सानिया कह रहा है वह सही कह रहा है, "अरे सानिया तुम चुप रहो एक बेवकूफ इंसान की तरह बात मत करो इसके बारे में थोड़ा और सोचो यह उसका बंधुआ मजदूर नहीं है पर वह औरत इसके पिता की पत्नी है ना इसका मतलब बसया इस औरत का बसया इस औरत का पुत्र हुआ क्या हमारे समाज में एक पुत्र अपनी माता से इस तरह लड़ाई करता है?, हालांकि इसके पिता जाने कहां-कहां घूमते फिरते रहते हैं अपनी ड्रामा कंपनी के काम के चक्कर में और जब इसके पिता स्वयं उस औरत से डरते हैं तो बसया क्या कर सकता है? और अगर उसने यह कह दिया कि यह हमारे घर का मामला है तुम बीच में मत पढ़ो तो तुम क्या करोगे वह एक बहुत क्रूर स्वभाव की स्त्री है इस छोटी सी बात पर वह पंचायत को भी इकट्ठा कर सकती है1 तुम्हारे और मेरे खिलाफ शिकायत कर सकती है और हमें इस गांव से बाहर निकलवा सकती है, अपने आप को संभालो मैं भी सोच रहा हूं कि आप हमें क्या करना चाहिए" कहीं ना कहीं मुझे लगा कि हां, थिम्मा बिल्कुल ठीक कह रहा है वैसे भी वह औरत एक राक्षसी स्वभाव की है, अगर उसे यह बात पता चली कि गोरी गाय गायब हो गई है 1 सब गायों में से गोरी गाय सबसे अधिक दूध दिया करती थी1 सौतेली मा अब मुझे नहीं छोड़ेगी अगर उसे यह पता चला कि सबसे अधिक दूध देने वाली गाय गुम हो गई है1 "सुनो बस1 या मैं तुम्हें बहुत समय से कह

रहा हूं कि तुम गांव छोड़कर शहर चले जाओ और कोई नौकरी तलाश लो अब मेरी बात ध्यान से सुनो सनिया तुम भी इसे समझाओ", थिम्मा बार बार यह बात कह रहा था सनिया भी उसकी हां में हां मिला रहा था उस समय , थिम्मा मुझे भगवान कृष्ण के जैसा प्रतीत हो रहा था जो गीता का ज्ञान दे रहे थी उसने मुझे खर्चे के लिए कुछ पैसे दिए मुझे उस समय लगा कि इस गांव के साथ मेरा बंधन टूट रहा है मैंने भैरव बाबा से प्रार्थना की और वहां से चला गयाा सब लोगों के मुंह से निकल रहे सांत्वना भरे शब्दों ने मुझे हिम्मत मिली। मेरे पास अब हर वह कारण था जिसके बलबूते पर मैं यहां से जा सकता था। मुझे उन रिश्तेदारों पर बहुत गुस्सा आ रहा था जिन्हें यह लगा कि मेरे जाने से उनकी जिम्मेदारी खत्म हो जाएगी मेरी उम्र में सच्चे प्रेम और सहानुभूति के बीच का अंतर समझना मुश्किल होता है मैं अनाथ, बेचारा छोटा लड़का ,असहाय, इन शब्दों को सुन सुन कर थक गया था। इसीलिए थिम्मा में मुझे एक भाई और एक सच्चा दोस्त नजर आता था । थिम्मा रत्ती भर भी मतलबी सम्भाव का नहीं था बल्कि थिम्मा मुझे एक प्रेरणा का स्त्रोत नजर आता था जिसने मुझे लोगों की इस नकली सहानुभूति और छल कपट से भरे प्रेम से बाहर निकाला और मुझे अपनी एक पहचान दिलाई। अगर मैंने उसका सच्चा प्रेम नहीं पाया होता मैं अपनी मां की यादों में पागल हो गया होता। , रिश्तेदार तो भगवान हमें देते हैं पर दोस्त हम स्वयं चुनते हैं। मैं थिम्मा से कभी नहीं मिलता थिम्मा की मां बहुत अच्छा खाना बनाती थी और मुझे खिलाने की तैयारी कर लेती। थिम्मा मां की मां मुझ में और थिम्मा में कोई फर्क नहीं करती थी वह हमेशा मुझे प्रेम देती थी और कहानियां सुना कर सुला देती थी अगले दिन जब मैं उठा मुझे बता रही थी कि मेरी मां भगवान के पास चली गई है और वह मुझे देख कर खुश है। वह मुझे और थिम्मा को अपनी गोद में सर रखकर सुला रही थी और स्वर्ग नरक से संबंधित कहानियां सुना रही थी हालांकि शुरू के कुछ दिन मुझे थिम्मा के घर में रहने में शर्मिंदगी लगती थी पर अब मुझे लगने लगा था यही मेरा घर है और मैं खुश था।

***

मेरी मां की मृत्यु के 10- 15 दिन के बाद मेरे पिता वापस गांव लौटे। उन्हें मेरी मा की मौत की खबर गांव के किसी व्यक्ति ने दी जब पिता, आए मुझे गले लगा कर खूब रोए। मैंने अपने पिता को इतना दुखी कभी नहीं देखा वह इंसान जो लोहे से भी मजबूत दिखता था आज एक ऊन के गोले जैसा कमजोर नजर आ रहा है। पटेल और गांव के अन्य लोगों ने मेरे पिता को सांत्वना दी किसी ने कहा " मास्टर जी, आप हमें एक सलाह दें इस तरह रोने से क्या होगा जगह-जगह जाकर ड्रामा करने की बजाय अगर यह भागवत गीता के पाठ का प्रचार करें तो बेहतर रहेगा जो भी हुआ प्रभु की इच्छा से हुआ इस सत्य को हम नहीं बदल सकते हैं ,जो लोग अच्छे होते हैं भगवान उन्हें जल्दी अपने पास बुला लेते हैं, हम जैसे पापियों को धरती पर ही रहना पड़ता है अपने बच्चे की तरफ देखिए कितना कमजोर है दुखी है कृपया करके इसके अंदर थोड़ी हिम्मत डालें। यह सुनकर मेरे पिताजी ने अपनी आंखें साफ कि मेरा हाथ पकड़ा और प्यार से मुझे घर लेकर आ गए। ऐसा लग रहा था कि मेरे पिता बीती रात एक घड़ी

को भी नहीं सोए उन्होंने मेरी माता की मां की मृत्यु के बारे में हर छोटी से छोटी बात जान ली थी कैसे मैंने अंतिम संस्कार किया और क्या-क्या पूजा पाठ किया गया। उन्हें यह भी पता चला कि मैं इन दिनों थिम्मा के घर पर खाना खा रहा था यह सब सोचते सोचते उनके दिमाग में एक बात आई जो मुझे बिल्कुल भी ख्याल नहीं था कि आ सकती है। मुझे स्कूल गए हुए तकरीबन एक महीना हो गया था उन्होंने अगले ही दिन स्कूल भेजने का इंतजाम किया और मुझे धीरे-धीरे अपनी पुरानी दिनचर्या में डालने की कोशिश की जैसे कि पढ़ाई, स्कूल जाना, दोस्तों से मिलना। पिताजी घर में खाने पीने और घर के कामकाज की देखरेख कर रहे थे हालांकि इन सबके बीच में अपने व्यवसाय संगीत और नृत्य का अभ्यास भी कर रहे थे। एक दिन मुझे ऐसा लगा जैसे मेरी पिताजी मेरी मां बन गए हो। मेरे पिता के और मेरे बीच में आंतरिक संबंध नहीं थे क्योंकि मेरे पिता अक्सर ड्रामा कंपनी के साथ अलग-अलग शहरों में कई दिनों तक घूमते रहते थे वह 20-22 दिनों में कभी एक बार घर आया करते थे अक्सर घर में केवल मैं और मेरी मां ही रहते थे। पर अब जब से मां गुजरी हैं मेरे पिताजी एक भी दिन मुझे अकेला छोड़कर नहीं गए अबे हर उस काम को कर रहे थे जो मेरी मां किया करती थी अब तक मैं केवल अपनी मां के हाथों का बना खाया खाया करता था, पर अब कई दिनों से मेरे पिताजी खाना बनाकर खिला रहे थे मुझे नहीं पता था कि मेरे पिताजी इतना स्वादिष्ट भोजन बनाते हैं। अगर सच कहूं तो मेरे पिताजी मेरी मां से कहीं अधिक साथ खाना स्वादिष्ट भोजन बनाते थे, तो मैं बाहर बैठकर संगीत और पढ़ाई का अभ्यास करता था जब मेरी मां थी तो अक्सर मैं अपनी मां के साथ घर के कामों में मदद करता था जैसे कि सब्जी काटना, बर्तन धोना, इस तरह मैंने भी घर का कामकाज करना सीख लिया था। पर मैं पूर्ण रूप से भोजन बनाना नहीं सीख सका। मुझे अच्छा नहीं लगा कि मैं बाहर बैठकर अभ्यास कर रहा हूं, मैं रसोई में जाकर उनकी मदद करने के लिए आगे बढ़ा शुरू में तो पिताजी कहते थे कि तुम रसोई में मत आओ तुम अभी बहुत छोटे हो धीरे-धीरे उन्होंने मेरी मदद लेना शुरू कर दिया। बहुत कम उम्र में मैंने खाना बनाना घर के अन्य काम करने भी सीख ले जैसे बर्तन धोना, जानवरों को मैदान में ले जाना और गाय का तबेला साफ करना। थिम्मा और सानिया का हाथ पकड़कर मैं भी भीम पहाड़ी की दूसरी तरफ चल रहा था। भीम पहाड़ी काफी ऊंचाई पर थी कुछ समय पहले हम तीनों ने यह चुनौती ली कि हम इस पहाड़ी पर चलेंगे और बैठेंगे पर आधे रास्ते ही हम वापस आ गए, पर आज क्या हुआ? मैं सोच रहा था आज कैसे हम इतनी आसानी से चढ़ गए हमने कुछ ना तो कुछ खाया और ना ही हमें थकान महसूस हुई। पर हमने दृढ़ निश्चय कर लिया था कि आज तो हम इस सटीक पहाड़ी पर जरूर चलेंगे। अब मेरे जीवन का केवल एक ही उद्देश्य था कि मैं किसी तरह पहाड़ी की दूसरी तरफ बसे रेलवे स्टेशन तक पहुंच जाऊं यह मेरा सपना था कि मैं रेलगाड़ी को एक बार करीब से देखूं, पर मैंने कभी नहीं सोचा था कि मेरा यह सपना पूरा हो जाएगा और मैं 1 दिन रेलगाड़ी से सफर कर लूंगा पर अब वह घड़ी आ गई थी। अब मेरा सपना था कि मैं रेलगाड़ी में सफर कर लूं वहां से बैठकर शहर जाऊं नौकरी तलाश करो पैसे कम सकू और वापस अपने गांव आ सकू। इस

जज्बे को इस सपने को मन में रखते हुए मैं उस पहाड़ी पर चढ़ गया1 मैंने उस दिन एहसास किया कि मनुष्य जो चाहे हासिल कर सकता है चाहे वह कितना भी बड़ा क्यों ना हो अगर उसके मन में जोश और उत्साह1 मेरी मां ने एक बार मुझे ध्रुवा की कहानी सुनाई थी जो कि मेरे लिए बहुत बड़ी प्रेरणा थी मैंने भी उस समय ध्रुवा को याद किया और सोचा कि मैं भी उस पहाड़ी हूं चढ़ सकता हूं और मैं इस धरती पर किसी भी चुनौती का सामना कर सकता हूं1 दूर से रेलवे स्टेशन को देखकर मुझे बहुत खुशी हुई मैं जोर से हंसो और नाचू1 आखिरकार हमने जीत हासिल कर ली थी और हम उस पहाड़ी पर चढ़ गए थे चढ़ने के बाद मुझे थोड़ी सी प्यास लगी और भूख भी लगी इसलिए थकान दूर करने के लिए मैं पास की ही एक बड़े से पत्थर पर सो गया1 " अरे लड़के, तुम यहां क्यों सो रहे हो ?,"मुझे किसी की चिल्लाने की आवाज आई 1 मैंने गहरी नींद में से जाग कर अपनी आंखें खोल कर देखा पर मैं आंखें नहीं खोल पा रहा था , चढ़ाई करने के बाद मैं थक गया था "लड़के मैं तुमसे बात कर रहा हूं", दोबारा यह बात मुझे सुनाई दी मैंने अपनी आंखें खोली और आसपास देखा चारों ओर अंधेरा था तारे आसमान में चमक रहे थे 1 आज से पहले कभी इतने गहरे अंधेरे में नहीं आया था मुझे अंधेरे से डर लगता था1 पर उस समय मैंने हिम्मत जुटाई ,मेरे सामने खड़ा व्यक्ति मुझे घूर रहा था फिर बोला "अरे लड़के यहां क्यों आए हो? तुम्हें क्या चाहिए? और यहां क्यों सो रहे हो?1 तो मैंने उस व्यक्ति से पूछा शहर जाने वाली रेल गाड़ी कब आएगी? क्या?! उसने ऐसे सवाल किया 1 बिना डरे मैंने उसे बोला मैं शहर जाना चाहता हूं पुलिस वाला बनना चाहता हूं पता नहीं क्या हुआ और कुछ देर तक हंसता ही रहा मैं सोचता रहा क्या शहर जाने वाली ट्रेन या नहीं आती? क्या मैं गलत जगह आ गया हूं ?मेरे दिमाग में तरह-तरह के ख्याल आने लगे 1 उसने हंसता बंद कर दिया और बोला, "ओहो यह बात है मैंने बहुत से लोगों को तुम्हारी तरह शहर जाते हुए देखा है नौकरी की तलाश में वह लोग 3 दिन में निराश होकर वापस लौट आते हैं घर जाओ खाना खाओ और सो जाओ ","नहीं नहीं मुझे तो शहर जाकर पैसे कमाने हैं", मैंने बुलंद आवाज में कहा जब मैंने जोर से बात कही तो उसने हंसता बंद कर दिया और बोला वह ट्रेन रात को 3:00 बजे आती है1 और वह मुंबई जाती है तुम अपना खाने का इंतजाम कैसे करोगे ?मैंने उसका चेहरा दिखा और उसने मेरी और देख कर अपनी जेब से कुछ पैसे निकाल कर मुझे दिए1 "अरे तुम मुझे ऐसे, क्या देख रहे हो" आदमी बोला "यह पैसे रखो तुम्हें रेलगाड़ी में खाना मिल जाएगा जब रेल गाड़ी कहीं रुकेगी तो तुम्हें स्टेशन से मूंगफली या खीरा खाने के लिए मिल जाएगा1 किसी चीज की चिंता मत करना पर ध्यान रखना रेलगाड़ी में अक्सर चोर उचक्के घूमते रहते हैं जो लोगों को ठग लेते हैं किसी अनजान व्यक्ति से भी खाने की चीज मत लेना पैसे की चिंता मत करना पैसे देकर खरीद कर खा1 ना समझे ","ऐसे लग रहा है तुम्हें देख कर के तुमने जीवन में बहुत दुख देखे हैं"," यह ले लो और अपना खाना खा लेना मेरा तो इस दुनिया में कोई नहीं है ना बीवी, ना बच्चा, यह रख लो मेरे बेटे अपने पास और ध्यान से जाना" और जबरदस्ती व्यक्ति ने मेरी जेब में कुछ पैसे डाल दिए1 मैं अपने घर से अपनी सौतेली मां से डर कर भागा था और यहां यह अनजान व्यक्ति है जिसे मैं कभी नहीं

मिला और मेरी मदद कर रहा है 1" हे प्रभु क्या यह तुम्हारा चमत्कार है"! और मैं वहां पर बैठ कर इंतजार करने लगा मुझे बहुत थकान हो रही थी और नींद भी आ रही थी पर मैं अपने को जगा कर रखे हुए था ताकि मेरी रेल गाड़ी रेल गाड़ी ना छूट जाए 1 भगवान ही जाने अगर ट्रेन छूट गई तो मेरा क्या होगा? और दूसरी कब तक आएगी? पता नहीं क्या समय हुआ है? और कितनी देर मुझे इंतजार करना होगा

***

मैं बैठा रहा और सोचता रहा कि रेल गाड़ी रेल गाड़ी कब आएगी? अब क्या समय हुआ है? किस दिशा से आएगी? मैं वह लड़का था जो 1 दिन रेल गाड़ी में बैठने के सपने ले रहा था और आज मुझे रेल गाड़ी में 4 दिन का सफर तय करने का मौका मिला है, वाह! मैं कितना भाग्यशाली हूं1 मुझे लग रहा था जैसे मेरे जीवन के अच्छे दिन अब शुरू होने वाले हैं1 इस तरह के ख्यालों में खोया हुआ मैं वहां बैठा था आखिरकार वह घड़ी आ गई जिसका मुझे इंतजार था मुझे रेलगाड़ी की सीटी की आवाज सुनाई दी दूर से और यह मेरी तरफ बढ़ रही थी वाह! कितना दिन इस समय का इंतजार किया है1 मैं ट्रेन की गति को देखकर हैरान था मेरे मन से निकला वाह कितना तेज चलती है कितनी विशालकाय और मनमोहक है यह रेल गाड़ी कैसे यह रेल गाड़ी हजारों लोगों को एक स्थान से दूसरे स्थान ले जाने की ताकत रखती है? और वह भी हर रोज इसकी गति एक शेर की जैसी है,! और कुछ समय बाद तो एक कछुए जैसी भी हो गई1 मैं सोचने लगा पता नहीं कितना समय? और कितना रास्ता इस रेल गाड़ी ने तय किया है? पता नहीं रेल गाड़ी में कहां से इतनी ताकत आती है? कि वह हजारों लोगों को अपने ऊपर सवार करके हजारों मिलो का रास्ता तय करती है ट्रेन की सायरन की आवाज सुनकर मेरे कानों में झुनझुनाहट होने लगी मैं सोचने लगा पता नहीं अभी कितनी गति पर चल रही है? ऐसे लग रहा था जैसे पेड़ पहाड़ पत्थर इमारतें सब पीछे की तरफ जा रहे हैं और रेल गाड़ी आगे बढ़ रही है1 यह सब हजारों लोग कहां जा रहे हैं? यह उसी शहर जा रहे हैं जहां मेरा गंतव्य है? या किसी नई जगह जा रहे हैं? मेरे दिमाग में हजारों सवाल चल रहे थे क्या केवल आज ही के दिन रेल गाड़ी लोगों से खचाखच भरी हुई है या हर रोज इतने ही लोग गाड़ी में सफर करते हैं? क्या समय हुआ होगा? पता नहीं मैं किसी से पूछ लूंगा 1 मेरा दिमाग लगातार सवाल पर सवाल और सोच किए जा रहा था हालांकि मुझे बहुत नींद आ रही थी पर मैंने निर्णय लिया कि मैं सोने की बजाय इस रेलगाड़ी के सफर को का आनंद लूंगा1 मैं दरवाजे के पास आया सीढ़ी पर बैठ कर नए जीवन की शुरुआत के बारे में सोचने लगा मेरा मन जोश से भरा हुआ था उसने मेरी थकान को भी दूर कर दिया था1 कुदरत के खूबसूरत दृश्य रेल गाड़ी की दोनों तरफ दिखाई दे रहे थे और दूर से यह किसी रंगोली की जैसे प्रतीत होते थे यह दृश्य और भी मनमोहक लगता था जब रेलगाड़ी किसी पहाड़ी ने पुल के पास है निकलती थी वाह मेरा मन खुशी से झूम उठा और इस सुंदरता और एहसास को मैं शब्दों में बयां नहीं कर सकता था1 बहुत समय के बाद में इस तरह की खुशी का महसूस कर रहा था आखिरी बार में तब हंसा था जो मेरी मां जिंदा थी मां के जाने के बाद मैं कभी हंसा नहीं जिस घड़ी मां की याद मुझे आती

मेरी आंखों से आंसू बहने लगते मैंने अपने आंसू पूछे और वापस अपनी सीट पर जाकर बैठ गया। कितनी खराब होती है यह नींद! जब हमें जरूरत होती है तभी आती नहीं और जब हम सोना नहीं चाहते तो हमें नींद आती है और यह परेशान करती रहती है। बहुत कोशिश करने के बाद में मैं सो नहीं पाया मैं रेलवे स्टेशन पर खुद को सोने से रोकता रहा था कि मेरी रेल ना छूट जाए और अब मैं जब ट्रेन में आ गया हूं सीट मिल गई है और नए जीवन की ओर चल पड़ा हूं तो मैं क्यों नहीं सो पा रहा? यह मेरे जीवन की पहली यात्रा तो नहीं है मैं। एक नई जगह की तरफ जा रहा हूं हो सकता है इसी वजह से मुझे नींद नहीं आ रही इसलिए मैं खिड़की के पास बैठा बाहर की दुनिया देखता रहा मैं सोचने लगा शहर और मेरे गांव के बीच में कितना कितनी दूरी होगी? कितने तालाब और नदियां हैं जिनमें मैं कभी तैरने नहीं गया।

रास्ते में मुझे एक नदी देखी जो बहुत ही लंबी थी और पता नहीं क्या-क्या दिखाई दे रहा था इस अंतहीन दूरी में। ना जाने कितने गांव और शहरों से होकर के रेलगाड़ी गुजरती है। और कितने लोग एक जगह में रहते हैं यह सभी लोग रिश्तेदार होंगे किसी के माता-पिता, बहन, भाई, दादा, दादी ,यहां पर सुख चैन का जीवन बिता रहे होंगे। पता नहीं मुझे परमात्मा ने इन सब सुखों से वंचित क्यों रखा? यह सब सोचते सोचते मैंने अपना सिर खिड़की पर रख दिया। शायद भगवान भी मेरी इस हालत से, मेरे जीवन को देखकर दुखी है पर हम तो भगवान के हाथ की कठपुतली हैं मुझे क्या पता क्या मेरा आगे का जीवन कैसा है? क्या वह खुशहाल जीवन है या नहीं?, यह सोचते सोचते हुए मैंने अपनी आंख बंद की और ठंडी हवा को महसूस किया और पता नहीं कब मैं गहरी नींद में सो गया और रेलगाड़ी अपनी यात्रा पर चलती रही। जब सुबह मेरी नींद खुली तो मैंने देखा कि मैं अपनी सीट पर बैठा हूं सब पेड़, पौधे, पहाड़, पीछे की तरफ जा रहे हैं और गाड़ी आगे की तरफ जा रही ।है मुझे एक भी दिन ऐसा याद नहीं है कि जब मैं अपनी सौतेली मां की डांट खाए बिना उठा हूं , अब यहां मुझे डांटने वाला कोई नहीं है मेरे सीट के बगल में एक नलका था मैं सोचने लगा कि यह चीज में रेल गाड़ी के अंदर कैसे आई? मैं वहां गया मैंने अपने हाथ और अपने चेहरे को ठंडे पानी से धोया बाकी सब बाकी सब यात्री रेलगाड़ी में गहरी नींद में सो रहे थे जैसे ही ठंडे पानी से मैंने अपने चेहरे को धोया सारी थकान दूर हो गई। अपना चेहरा धोने के बाद मैं चुपचाप अपनी सीट पर आकर बैठ गया धीरे-धीरे बाकी सब यात्री जागने लगे और मुझे लोगों की गतिविधि देखकर समझ में आ गया पास ही में एक टॉयलेट है रेल गाड़ी के अंदर वह भी। मैं जाकर अपने नित्य क्रियाओं को किया फिर सोचने लगा ना जाने शहर यहां से कितनी दूर है? मैंने अपने पास बैठे हुए आदमी से पूछा शायद उसे मेरी भाषा समझ में नहीं आई तो उसने हिंदी में मुझसे पूछा" क्या" उसकी भाषा मुझे समझ नहीं आई तो मैं फिर से खिड़की से बाहर देखने लगा और चुपचाप बैठा रहा। अब रेल गाड़ी की गति धीरे हो गई थी और वह जाकर किसी स्टेशन पर रुकी कुछ यात्री चढ़ने लगे और कुछ यात्री उतरने लगे और उसी समय एक चाय वाला आदमी अंदर आया जिसके पास इडली, कॉफी और खाने के अन्य चीजें थी मेरे पास बहुत ही थोड़े से पैसे थे मैंने उसको पैसे देकर इडली और चटनी ले ली। खाते समय मुझे ध्यान आया शायद आखरी बार जो मैंने

इडली खाई तब मेरी मां जिंदा थी। मैंने उसके बाद दो इडली और खरीदी और खाली दूर से एक आवाज आई टिकट टिकट टिकट टिकट। वह व्यक्ति ट्रेन के अंदर आया। मुझे लगा मुझको पकड़ के ले जाएगा मैंने रेल का टिकट नहीं खरीदा। मेरे पास आकर उसने मेरे कंधे पर हाथ रखकर मुझे हिला। कर धीरे से कहा ",टिकट दिखाओ क्या तुम्हारे पास,टिकट नी है? चलो चलो मेरे साथ चलो बिना टिकट यात्रा करना गैरकानूनी है आजकल तुम जैसे लोग बढ़ते ही जा रहे हैं तुम्हें क्या लगता है तुम्हारे बाप की जायदाद है? मैं तुम्हें अगले स्टेशन पर पुलिस के हवाले कर दूंगा तब सबक मिलेगा। हिंदी में बात कही जो मुझे समझ में नहीं आई उसके पैरों में गिर गया

और रोने लगा और उनसे माफी मांगते हुए बोला ",मुझे माफ कर दीजिए मुझसे गलती हो गई है सर कृपया करके मुझे छोड़ दीजिए मुझे पुलिस के हवाले मत कीजिए आप कहीं भी गाड़ी रोक दीजिए मैं उतर जाऊंगा पहले से ही मैं अपनी सौतेली मां के दिए हुए अत्याचारों से परेशान था और उनसे बचने के लिए मैं शहर जा रहा था और शहर मुझे पुलिस की नौकरी करने के लिए जाना था ना कि पुलिस द्वारा अत्याचारों को देखने के लिए।" यह कहकर में जोर से रोने लग गया पता नहीं उन्हें मेरे रोने पर क्या दया आई वह कुछ शांत हुए और बोले "अच्छा अच्छा ठीक है अब रो मत", फिर उन्होंने अपने बैग से एक टिकट निकाले मुझे कहा," यह ले लो यह टिकट अपने पास रखो और यह रेलगाड़ी पटना नहीं जा रही(शायद मेरे मुंह से निकले कन्नड़ भाषा के पटना शब्द को पटना शहर समझ लिया) फिर बोले यह रेलगाड़ी मुंबई जाती है इसको अपने पास रखो और जब भी कोई तुमसे मांगेगा दिखा देना", यह कहकर दूसरे यात्री की ओर बढ़ गए हालांकि उन्हें मेरी भाषा समझ नहीं आई शायद मेरे दुख को समझ गए उस टिकट को अपनी जेब में रख लिया। आंसू पहुंचकर में सीट पर बैठकर जो लोग हमें देख रहे थे वह भी जाकर अपनी अपनी सीट पर बैठ गए। अब मेरे पास बहुत ही थोड़े से पैसे और थी अब मुझे और हिम्मत आई मैंने सोचा अब मुझे कोई नहीं रोक सकता मुंबई जाने से। रेलगाड़ी अपनी गति पर चलने लगी और मुंबई की ओर दौड़ने लगी मुझे नहीं पता कि मुंबई पहुंचने में मुझे 3 दिन लगे या 4 दिन लगे जब मैं मुंबई पहुंचा तो मेरा मन शांत था और मैं अपने आप पर गर्व महसूस कर रहा था।

2

ट्रेन से उतरने के समय मैंने हजारों यात्रियों को ट्रेन पर चढ़ते और उतरते हुए देखा। प्लेटफार्म पर कुछ समय रुकने के बाद मैंने चारों ओर नजर घुमाकर उस रेलवे स्टेशन का पूर्ण निरीक्षण किया और उस भीड़ की ओर देखा जो वहां ट्रेन पर या तो चढ़ने के लिए आई थी या ट्रेन से उतरने के लिए आई थी मेरे मन में कई तरह के विचार और सवाल उठने लगे मैं सोचने लगा कि, इस मधुमक्खी के छत्ते जैसी भीड़ से भरे शहर में मैं कैसे रहूंगा? और सबसे बड़ा सवाल जो मेरे मन में आया था वह था अब, मैं कहां जाऊं? इन सब कठिन परिस्थितियों और चुनौतियों के बारे में सोचता हुआ मैं निकास द्वार की ओर चल पड़ा। ज्यादातर लोग एक विशालकाय कांच के दरवाजे से अंदर और बाहर निकल रहे थे। मैं सोचने लगा जरूर यही वह दरवाजा है जो मेरी नई दुनिया की ओर मुझे ले जाएगा।यह नई दुनिया थी मुंबई और यह मुझे विचित्र से प्रतीत हो रही थी। यहां पर हजारों की तादाद में लोग, गाड़ियां, घोड़ा गाड़ियां ,रिक्शा चालक, अंतहीन गगनचुंबी इमारतें, होटल और विचित्र तरह के खाने और खाद्य पदार्थों के ढेर से नजर आते थे। मैं एक अनाथ हूं, अब बिना किसी कारण और बिना किसी दिशा के, कोई साथी संगी साथ नहीं यहां कैसे रह पाऊंगा? अंततः मैं मुंबई पहुंच ही, गया पर अब यह सवाल मन में रह रह कर उठ रहा था कि अब कहां जाऊं? क्या इस विचित्र शहर में मुझे नौकरी मिलेगी? नौकरी ना मिले तो जीवित रहने के लिए मैं खाना कहां से खाऊंगा? हालांकि मेरी सौतेली मां मुझे हर समय डांट दी थी पर मैंने भूखा रहने का अनुभव कभी नहीं किया था अभी तक के जीवन में अब क्या होगा?

पता नहीं कैसे अचानक से मेरे मन में मां द्वारा कही गई बात विस्मरण हो गई। मेरी मां कहां करती थी कि" परमात्मा मेरे खाने-पीने का इंतजाम स्वयं करें गा", मुझे इस बात पर पूर्ण विश्वास था और मन में मां की इस बात का विश्वास लेकर मैं परमात्मा पर आस्था रखकर आगे की ओर चल पड़ा और सोचने लगा देखते हैं क्या होता है।? चाहे कितना भी पैदल क्यों ना चलो लगता था यह शहर असीम है। मुझे चारों और केवल लोग ही नजर आते थे यहां पर यहां पर सूर्य कुछ अधिक की चकाचौंध से भरा है गांव में जब भी मैं गाय चराते समय थक ,जाता था तो किसी पेड़ के नीचे जाकर सो जाता था। पर यहां धूप बहुत ही तीक्ष्ण थी, मैं प्यास से बेहाल हो रहा था और सोचने लगा कि क्या मुंबई शहर में कोई तालाब , नदी नहीं है और मैं भगवान को याद करके आगे बढ़ने लगा। हारकर में एक चाय की दुकान में जाकर

बैठ गया और पानी पीने के लिए मांगा। एक लड़का जो वेटर जैसा दिखता था मेरे पास आया उसने मुझसे पूछा" क्या चाहिए"? हालांकि मुझे उसकी भाषा नहीं आती थी पर मैंने अपनी भाषा में उससे एक कप चाय और बिस्कुट का एक पैकेट मांगा चाय और बिस्कुट का नाश्ता ग्रहण करके जब मैंने उसे पैसे दिए तो मैंने अपनी जेब को टटोला और पाया कि अभी तक मेरे पास 2 से 3 दिन के खाने के खाना खाने के की पर्याप्त धनराशि है मैंने प्रभु का धन्यवाद किया और आगे बढ़ा। सड़क पर दूर-दूर तक भटकते हुए मैंने महसूस किया कि कहीं पर भी कहीं कोई ऐसा चिन्ह नहीं नजर आता जो मुझे नौकरी दिलाने में सहायक हो और ना ही मैं अपनी स्थिति और अपनी गंभीर हालात किसी को समझाने में सक्षम था।

***

मेरी मातृभाषा कन्नड़ और मुंबई की भाषा मराठी, एक रुकावट बन गई थी। मुंबई के लोगों को कन्नड़ में समझ नहीं आती थी और मुझे मराठी समझ नहीं आती थी। मेरे पास अभी भी पर्याप्त मात्रा में धनराशि थी इसलिए कुछ समय के लिए मैंने रुकने का सोचा। जैसे-जैसे रात होने लगी और अंधेरा अपनी पकड़ मजबूत करने लगा मेरे अंदर एक डर ने घर कर लिया। अब भोजन और भूख मेरी चिंता का विषय नहीं थ मुझे यह चिंता थी कि मैं कहां सोऊंगा? रात सोने के लिए एक उपयुक्त स्थान ढूंढना अब अनिवार्य हो गया था, यह सोचते सोचते में चलने लगा जैसे जैसे रात गहरी हो रही थी , बंबई शहर का रूप भी बदल रहा था चारों ओर बिजली के बल्बों से चकाचौंध था शहर वाहनों के शोर से भरा हुआ था चारों तरफ से गाड़ियां रिक्शा या पुलिस और आपातकालीन वाहनों की सायरन की आवाज में ही सुनाई दे रही। थी मेरे अंतर्मन को तब सांत्वना पहुंची जब मुझे यह पता चला कि मैं अकेला ही अनाथ नहीं हूं इस शहर में मेरे जैसे और कई अनाथ यहां भटक रहे हैं। मुंबई शहर आए मुझे 3 दिन हो चुके थे और जो भी धनराशि मेरे पास थी वह मेरे खाने पीने में खर्च हो गई थी अब तुम मेरे पास भोजन करने के लिए भी पैसे नहीं बचे थे।

मैं भूख से बेहाल था पिछली दोपहर में ही मैंने दो रोटी खाई थी और उसके बाद कुछ भी नहीं खाया था अब मैं कहां जाऊं ?और क्या करूं? यह सवाल बार-बार मेरे मन में उठता। मुझे लगा कि कहीं मैं भूख और प्यास से मर ना जाऊं, इतना कमजोर महसूस कर रहा था कि खड़ा भी नहीं हो सकता था और बाहर की चिलचिलाती धूप तो मुझे लगा मुझे मार ही डालेंगे तब मेरे मन में एक को विचार आया कि क्या अब मुझे भीख मांगने चाहिए अपना पेट भरने के लिए? पर तभी मेरे मन में एक आवाज आई कि मेरी मां मुझे आकाश से देखती होगी और जब मैं यह देखेगी कि मैं भीख मांग रहा हूं तो वह बहुत दुखी होगी। मेरे लिए मेरी मां का दुख मेरी भूख से अधिक महत्वपूर्ण था और मैं है यह को कार्य नहीं कर सकता था बहुत सी हिम्मत जुटाकर मैं फिर चलने लगा चलते चलते मुझे अपनी मां बहुत याद आई और मैं जोर से रो पड़ा और जितना अधिक रोता मां को याद करके उतनी ही अधिक मुझे भूख लगती। अपनी मां की मधुर यादें मुझे दुगनी होकर विस्मरण होने लगी,अपनी मां को याद करते करते मैं रोते हुए 1 खंबे के पास बैठ गया भूख और प्यास से मेरा दम निकल रहा था

और मुझे चक्कर और मितली भी आने लगी। एक बूंद पानी के लिए मेरा मुंह तरस रहा था ऊपर से चिलचिलाती धूप जानलेवा थी। मुझे लगातार चक्कर आते रहे और मैं अपने होश खो रहा था पर यह जानकर मुझे और भी अधिक दुख हुआ कि मेरी इस दयनीय हालत को देखकर आसपास के लोगों को मेरी उपस्थिति का एहसास भी नहीं हुआ। क्या इन लोगों में रत्ती भर भी दया भाव नहीं बचा या फिर यह लोग मेरे जैसे दीन दुखी यारों को देखकर आदी हो चुके हैं पता नहीं यह सब सोचते सोचते कब मैं बेहोश हो गया बहुत देर के बाद जब होश आया तो मैंने अपनी आंखें खोल कर आसपास देखा मुझे नहीं समझ नहीं आया कि मैं कहां हूं दोबारा मैंने आसपास देखा मुझे एक अजीब सी गंदी बदबू आई मुझे लगा कि मैं उल्टी कर दूंगा थोड़ा और होश आने के बाद मैंने दोबारा आसपास देखा तो यह एक बड़ी सी शराब की दुकान लगी मैं उठ कर बैठ गया और आसपास देखने लगा जैसे ही मैं उठ कर बैठा मेरी उम्र का एक लड़का मेरे पास आकर खड़ा हो गया जिसको देखकर मुझे जरा भी डर नहीं लगा उसे मुझे पीने के लिए पानी भी दिया मेरे मन में कई सवाल आए मैं कहां हूं यहां कैसे आया यह लोग कौन है क्या यह सच में शराब की दुकान है कहीं यह पानी शराब तो नहीं क्या मुझे से पीना चाहिए या नहीं यह सब सवाल मेरे दिमाग में चल रहे थे पर इनकी परवाह ना करते हुए मैंने वह पानी का गिलास पी लिया और मुझे लगा मैं वापस जीवित हो उठा वह लड़का मेरे लिए दो रोटी लेकर आया जिसे खाने के बाद मुझे लगा मैं जीवित हूं मेरे अंदर ऊर्जा का संचार हुआ और मैं उठ खड़ा हुआ मैं उठा और आसपास देखते हुए चलने लगा मुझे पता लग गया बहुत बड़ी शराब की दुकान है जैसे हमारे गांव में फुट फुट अक्का की दुकान हुआ करती थी मैंने अपने जीवन में इतनी बड़ी शराब की दुकान कभी नहीं देखी तभी अचानक वह लड़का मेरी और बड़ा और बोला अरे क्या देख रहा है अंदर चल यह कहकर मेरा हाथ पकड़ कर मुझे खींच कर ले गया अंदर एक मोटा आदमी बैठा हुआ था जिसे पूछा कौन हो तुम और मैंने उसे कोई जवाब नहीं दिया उसे मुझसे फिर पूछा क्या इन लोगों में रत्ती भर भी दया भाव नहीं बचा? या फिर यह लोग मेरे जैसे दीन दुखी को देखकर आदी हो चुके हैं? पता नहीं यह सब सोचते सोचते कब मैं बेहोश हो गया। बहुत देर के बाद जब होश आया तो मैंने अपनी आंखें खोल कर आसपास देखा मुझे नहीं समझ नहीं आया कि मैं कहां हूं, दोबारा मैंने आसपास देखा मुझे एक अजीब सी गंदी बदबू आई मुझे लगा कि मैं उल्टी कर दूंगा। थोड़ा और होश आने के बाद मैंने दोबारा आसपास देखा तो यह एक बड़ी सी शराब की दुकान लगी मैं उठ कर बैठ गया और आसपास देखने लगा जैसे ही मैं उठ कर बैठा मेरी उम्र का एक लड़का मेरे पास आकर खड़ा हो गया जिसको देखकर मुझे जरा भी डर नहीं लगा उसे मुझे पीने के लिए पानी भी दिया। मेरे मन में कई सवाल आए मैं कहां हूं? यहां कैसे आया? यह लोग कौन है? क्या यह सच में शराब की दुकान है। कहीं यह पानी शराब तो नहीं? यह सब सवाल मेरे दिमाग में चल रहे थे पर इनकी परवाह ना करते हुए मैंने वह पानी का गिलास पी लिया और मुझे लगा मैं वापस जीवित हो उठा था। वह लड़का मेरे लिए दो रोटी लेकर आया जिसे खाने के बाद मुझे लगा मैं जीवित हूं, मेरे अंदर ऊर्जा का संचार हुआ और मैं उठ खड़ा हुआ। मैं उठा और

आसपास देखते हुए चलने लगा मुझे पता लग गया बहुत बड़ी शराब की दुकान है जैसे हमारे गांव में पट्टू अक्का की दुकान हुआ करती थी। मैंने अपने जीवन में इतनी बड़ी शराब की दुकान कभी नहीं देखी तभी अचानक वह लड़का मेरी और बड़ा और बोला, "अरे क्या देख रहा है अंदर चल", यह कहकर मेरा हाथ पकड़ कर मुझे खींच कर ले गया अंदर एक मोटा आदमी बैठा हुआ था जिसने पूछा, "कौन हो तुम"? और मैंने उसे कोई जवाब नहीं, दिया उसे मुझसे फिर पूछा कौन हो तुम ,'हिंदी नहीं आती क्या"? मुझे समझ नहीं आया उसे क्या जवाब दूं यह सोचकर मैं जोर से रोने लगा और मैंने उसे बोला साहब मुझे आपकी भाषा नहीं आती मुझे सिर्फ कन्नड़ भाषा जानता हूं।

मोटा व्यक्ति बोला," अच्छा तो तुम कन्नड़ बोलने वाले व्यक्ति हो"? इतना कहकर अंदर वह अंदर चला गया और अपने साथ एक और व्यक्ति को लेकर आया जिस ने मुझसे पूछा ,"क्या तुम कन्नड़ बोलना जानते हो"? यह सब सुनकर मुझे लगा मानो मेरा पुनर्जन्म हो गया। मैं बहुत ही खुश हो गया, एक ही सांस में मैंने अपनी सारी बातें उसे कह डाली मैंने बताया-" हां मैं कन्नड़ बोलना जानता हूं मैं चंद्रपुरा गांव से हूं और मेरी सौतेली मां मुझे बहुत मारती थी इसीलिए अपना गांव छोड़कर मैं यहां आ गया यह सब बातें उस लड़के ने मोटे आदमी को समझाएं और कुछ समय तक वे दोनों आपस में बात करने लगे और फिर कन्नड़ बोलने वाले लड़के ने मुझसे पूछा कि ,"क्या तुम यहां काम करोगे"?" यह लोग तुम्हें खाना,, नाश्ता सोने की जगह, सब देंगे थोड़ा पैसा दिया जाएगा , क्या तुम काम करने को तैयार हूं"? मुझे बुरा लगा यह सोच कर कि मेरी मां क्या सोचेगी अगर उसे यह पता चलेगा कि मैं शराब की दुकान में काम करता हूं , खैर काम ही तो कर रहा हूं शराब पी तो नहीं रहा। यह सिर्फ मेरा कर्म है यह सोच कर मैंने हां में सर हिला दिया क्योंकि मुझे यह सोचकर चिंता हुई कि यहां काम नहीं करूंगा तो कैसे जिऊंगा क्या खाऊंगा हो सकता है यह शराब की दुकान मेरी किस्मत का दरवाजा ही खोल दे।

***

अब मुंबई शहर में मेरी नई जिंदगी की शुरुआत हो चुकी थी। ,यहां सिर्फ मेरी जिंदगी नहीं मेरी जीवनशैली भी बदल गई थी, सीना मेरे साथ काम ही नहीं करता था, वह मेरा शिक्षक, मेरा दोस्त, मेरा मार्गदर्शक, मेरा रिश्तेदार, और मेरा सभी कुछ था। उसी ने मुझे गांव और शहर के जीवन का अंतर समझाया उसने मुझे समझाया कि शराब की दुकान और वाइन की दुकान में क्या अंतर होता है। उसे मुझे समझाया मेरे नए शहर मुंबई के बारे में वहां की भाषा वहां के लोग और मुंबई के लोगों के स्वभाव के बारे में। जब भी समय मिलता है मुझे हिंदी सिखा था अपने मालिक से बात करके उसने मुझे 2 जोड़ी पैंट और शर्ट भी खरीद कर दिए उसे भाषा और कपड़ों से संबंधित सभी सीना को सभी 33 गुण आते थे जैसे ग्राहकों से किस तरह बात की जाती है ऑर्डर कैसे लिए जाते हैं, सामान कैसे पहुंचाना है ,बिल कैसे बनाना है, अगर कोई हमें बुद्धू बना रहा है तो उसे कैसे पकड़ना है। यह सब उसने मुझे भी सिखाया फिर भी मालिक ने सीना को यह हुकुम दिया था कि जब तक मैं सब कुछ सीख नहीं जाता

अच्छी तरह मुझे ग्राहकों के पास ना भेजा जाए। अतः यहां मेरा काम था गिलास साफ करना ,रसोई में चावल बनाना, बोतलों को श्री सलीके से सजाकर रखना, खाने की कोई कमी नहीं थी हम रात 2:00 बजे तक काम करते और फिर से थक कर सो जाते हैं अगले कुछ दिनों में मेरे मालिक ने देखा कि मैं बहुत जोश से औ खुशी से सब कुछ सीख रहा हूं, तो उसने मुझे ग्राहकों से खाने का आर्डर लेने का आदेश दे दिया। सीना का वास्तविक नाम श्रीनिवासा था वह मांड्या के पास किसी गांव से आया था वह मेरी तरह एक अनाथ था और अपने माता-पिता को बचपन में ही खो चुका था। उसके मामा ने उसे मुंबई बुलाया था जो मुंबई एक पान बीड़ी की दुकान चलाते थे। सीना के मामा ने ही उन्हें वाइन शॉप में काम दिलाया था क्योंकि वह मालिक को जानते थे। सीना कुछ ही समय में बहुत प्रसिद्ध हो गया था अपने व्यवहार और कार्यकुशलता के लिए। तनखा तो अच्छी मिलती थी ऊपर से ग्राहक खुशी से हमें टिप्प दे दिया करते थे सीना के चेहरे पर हमेशा एक मुस्कान रहती थी बनी रहती थी जिसकी वजह से सब लोग उसे प्रेम करते थे पुराने ग्राहक तो दुकान पर आकर सिर्फ सीना से ही खाने की मांग करते थे मालिक भी उसे खुशी से बेटा बेटा कह कर बुलाता था। हालांकि सीना उम्र में मुझसे 10 से 12 साल बड़ा था पर उसे देख कर मुझे अपने बचपन के मित्र जिम्मा याद आती थी। एक तरह से सीना ने थिम्मा का खालीपन भर दिया था सीना की सहायता से मेरे जीवन में निरंतर बदलाव आ रहा था। मुझे एहसास हुआ कि मैं अब पहले वाला सीधा ज्यादा गांव का लड़का नहीं रहा, पर मुझे यह नहीं पता चला कि कब और कैसे मेरी भाषा और मेरे पहनने उड़ने का ढंग बदल गया। अंग्रेजी भाषा के शब्द जैसे सॉरी, प्लीज, थैंक यू, मैं बहुत आसानी से बोल देता था। मैंने अन्य सहकर्मियों के साथ भी अच्छी दोस्ती बना ली थी वह सब भी मुझे सुविचार का व्यक्ति समझ कर मेरा सत्कार करते थे वे लोग मुझ पर कितना भरोसा करते थे कि अपनी व्यक्तिगत समस्याएं भी तुझे बताया करते थे और मैंने भी उन्हें कभी शिकायत का मौका नहीं दिया और दोस्ती पूरी इमानदारी से निभाई। मैंने कभी अपनी व्यक्तिगत समस्याएं उन्हें नहीं बताएं क्योंकि यह मेरा यह मानना था कि जो व्यक्ति पहले से ही अपनी समस्याओं से घिरा है मैं उस पर अपनी परेशानियों का बोझ क्यों डाल और उसे अधिक परेशान क्यों । रोजाना आने वाले कई ग्राहक भी मेरे मित्र बन गए थे जैसे सेठ जी, विक्रम भाई ,कपूर जी, और बशीर भाई, मेरी टूटी फूटी भाषा सुनकर यह लोग कभी-कभी मेरे साथ मजाक करते थे तो बशीर भाई इन्हें डांट कर चुप करा देते थे। बशीर भाई हैदराबाद से थे और कुछ 30 साल पहले मुंबई से आए मुंबई आए थे सेंट्रल मार्केट में बशीर भाई की बहुत बड़ी दुकान थी और वे रोज 8:00 से 8:30 तक हमारी दुकान पहुंच जाया करते थे सेठ जी ,कपूर जी, और विक्रम जी, यह लोग 9:00 बजे के बाद पहुंचते थे जब तक यह लोग नहीं आते थे बशीर भाई मुझसे बहुत बातें करते थे वे जानते थे कि मैं एक अनाथ हूं और गरीब परिवार से हूं वह मेरी परिस्थितियों को समझते थे और इसीलिए इस विषय पर अधिक बात नहीं करते थे और मैं भी बहुत अधिक बताना पसंद नहीं करता था । बशीर भाई की दूसरी अच्छी बात थी कि वह मुझे टिप दिया करते थे वह 1 महीने में इतनी टिप दे देते हैं जो कि मेरी हफ्ते भर

की कमाई के बराबर होता था। मेरे खाने और की समस्या तो पूरी तरह सुलझ गई फिलहाल मैं (बसया), जो गांव में मवेशी चराया करता था अब पूरी तरह से शहर के माहौल में रम गया है। एक समय था जब सौतेली मां हर रोटी के निवाले पर डांट दी थी और दूसरी और अब का समय है जब मेरा मालिक मुझे प्यार से कहता है, "बेटा अच्छी तरह खाना खाओ" अच्छा पैसा, सीना जैसा दोस्त, और पेट भर खाना, मुझे अपना जीवन संपूर्ण सा महसूस होने लगा था हर्ष और उल्लास से भरा लगता था इस सब के बावजूद भी मुझे गांव की याद आती थी और जब भी मैं गांव को याद करके रोता तो सीना मुझे सांत्वना देता था। सबसे अधिक गांव के तालाब में तैरना याद करता था और यहां शहर में एक शराब की बदबू की थी जो मुझे परेशान किए जा रही थी।

पर अब मैं धीरे-धीरे इस बदबू का आदी होने लगा था मैं जीवन में सुकून महसूस करने लगा था मुझे लगता था जैसे कि मैं तालाब में तैर रहा हूं सब कुछ भूल जाता था जैसे की दुकान ग्राहक और एक बार बातचीत के दौरान मैंने सीना से पूछा कि क्या आस-पास कोई तालाब या नदी है जहां जाकर में प तैराकी कर सकूं तो वह जोर से हंसने लगा और बोला," अरे मूर्ख इस शहर में नदी या तालाब कहां से आएगा पर तू चिंता मत कर मैं तुझे स्विमिंग पूल ले जाऊंगा", मेरा मन खुशी से झूम उठा और मैं उस पल का इंतजार करने लगा जब मैं पानी में तैर सकूंगा। मैं सुबह जल्दी उठ गया अपना सारा काम खत्म कर लिया चाय के साथ ब्रेड और बिस्कुट खा कर तैयार हो। मेरा पूरा ध्यान स्विमिंग के सपने देखने में निकल रहा था जहां सीना मुझे ले जाने का वादा किया था सीना एक नए किस्म के टी शर्ट और हाफ पैंट पहन कर आया जिसे देख कर मुझे बहुत अच्छा लगा। हमने घोड़ा गाड़ी ली और स्विमिंग पूल की ओर चल पड़े खुशी के मारे मैंने घोड़े वाली वाले को 50 पैसे ज्यादा दे दिए । यह सुनकर कि स्विमिंग पूल में तैरने के लिए हमें पैसे देने पड़ेंगे मुझे अच्छा नहीं लगा, फिर मैंने सोचा चलो आज स्विमिंग पूल देख लेते हैं इसके बाद में स्वयं ही यहां रोज आ जाए करूंगा चाहे मुझे रोज पैदल क्यों ना आना पड़े। द्वार पर पहुंचकर पता चला कि अंदर जाने के लिए भी पैसे देने पड़े यह सुनकर मैं परेशान हो गया और सोचने लगा कि मैं रोज इतना खर्चा कैसे करूंगा जल्दी से मैंने अपना विचार और अपना ध्यान उस समय के कार्य की ओर केंद्रित किया और सोचा कि चलो पैसे के बारे में बाद में सोचेंगे मैं अंदर गया और जाकर अपने स्विमिंग के कपड़े पहन कर बाहर आ गया मुझे थोड़ा शर्मिंदगी महसूस भी हुई और अटपटा भी लगा लड़के लड़कियों को एक साथ स्विमिंग पूल में छोटे कपड़ों में देखकर मुझे थोड़ा सा शर्मिंदा महसूस हुआ।

***

"क्या हुआ बसया"? मुझसे सीना ने पूछा ,जब मैंने उसे बताया कि मुझे थोड़ी शर्म आ रही है तो वह मुझे पर हंस पड़ा और उसने कहा कि," मुंबई आ गए हो तो शर्म को छोड़ दो देखो बसाया लड़कियां खुद कैसे तैयार रही है अच्छी तरह और तुम शरमा रहे हो " । दूसरे लोगों से मुझे क्या लेना देना मेरे अपने हालात और अपनी समस्या ही काफी है सोचने के लिए दूसरों के बारे में क्या सोचना जो भी हो चाहे कोई कुछ भी सोचे यह मेरी जिंदगी है मैंने

किसी के साथ कोई धोखा नहीं किया और अपनी जिंदगी को और अपने बारे में सोचना कोई शर्म की बात नहीं है अगर मुझे दूसरे लोगों को देखकर शर्म आ रही है तो इसमें कोई बड़ी बात नहीं उसी समय मैं प्रभु बजरंगबली का नाम लेकर पानी में कूद गया। उस घड़ी मुझे अपने गांव की बहुत याद आई मुझे थीम्मा, सानिया, चिक्कम्मा और अन्य दोस्तों की याद आई। उन्हें याद करके मेरी आंखों में आंसू भी आ गए पर उस समय मेरे आंसू की दो बूंदे स्विमिंग पूल के पानी में घुल गए और किसी ने किसी को नजर नहीं आए। मैंने ध्यान नहीं दिया पर कोई मेरी ओर टकटकी लगाए स्विमिंग पूल के दूसरे किनारे से देख रहा था। (उधर गांव में) घोड़ा के घर के बाहर बहुत सारी भीड़ जमा थी सबके मन में एक ही सवाल था बसया को क्या हुआ? वह अब तक घर वापस क्यों नहीं लौटा?, 3 दिन हो गए पर अभी तक बताया कि गांव वालों को उसकी कोई खबर नहीं थी गांव वाले सोचने लगे बसया को क्या हो गया? घर क्यों नहीं आया अब तक? उसकी सौतेली मां को इस बात की कोई परवाह नही नहीं थी। गौरी को छोड़कर बाकी सब मवेशी वापस घर आ गए थे सबने सोचा शायद गौरी जंगल में खो गई है और बसया उसे ढूंढने चला गया है उसकी सौतेली मां ने सोचा- बसया जरूर जंगल में किसी पेड़ के नीचे सो रहा होगा और अपने आप ही अगले सुबह आ जाएगा । दूसरे दिन भी नहीं आया तो सौतेली मां ने सोचा-" जाने दो कोई बात नहीं पर सवाल यह था कि गोरी का गोरी कहां गई मैं सोचने लगी जब पिछले साल मेले में गौरी को बेचने के अच्छे दाम मिल रहे थे तो मेरे पति ने मुझे मना कर दिया यह कहकर कि गाय गौमाता होती है कामधेनु होती है उसे पैसों के लिए बेचना नहीं चाहिए । उसके पति(बसया के पिता) को तो घर की कोई परवाह नहीं थी तो अपनी दुनिया में मस्त था एक ड्रामा कंपनी के साथ एक गांव से दूसरे गांव घूमता रहता घर की तरफ उसका कोई रुझान नह। था। सौतेली मां मन में सोच रही थी यह घर गृहस्ती सब मेरा ही झंझट है उसी को कोई परवाह नहीं और जब मैं शिकायत करती तो उसका पति बोलता बसया कर तो रहा है सब मवेशियों की देखभाल तुम क्यों परेशान हो रही हो? वह मन में सोचने लगी बसया भी तो अपने पिता जैसा ही है पिता शहर, शहर घूमता है और बेटा एक ही शहर की गलियों में भटकता रहता है। सारा दिन थिम्मा और सानिया के साथ घूमता रहता है और समय बर्बाद करता रहता है और रात को घर आकर खाना खाकर भैंसे की तरह सो जाता है और सुबह तक सोता रहता है। किसी किस्म की डांट उस पर कोई असर नहीं करती सौतेली मां मन में सोचने लगी क्या फायदा इस लड़के को कुछ भी समझाने का जब इसका स्वयं का पिता ही एक शहर से दूसरे शहर घूमता रहता है बिना कोई काम किया अगर बसया के पिता को परवाह होती तो क्या सौतेली मां को इस तरह दिनभर अपना दिमाग खफा ना पड़ता क्या उसने कभी सौतेली मां की परेशनियों के बारे में सोचा या पूछा? और अगर सौतेली मां ज्यादा शिकायत करती तो बसया के पिता पिता उसे डांट कर चुप करा देते और छोड़ने की धमकी देते थे। और मन में सवाल करने लगी कहां गया यह लोफर और बोली बसया कि मां से है ,मा किस तरह के पुत्र को तुमने जन्म दिया है? तुमने इसे मेरी गोद में छोड़ दिया और खुद मर गई और सौतेली मां बसया को, उसकी मां और बसया के पिता

को चोर कहने लगे, सौतेली मां की मन में बात आई कि गौरी को कहीं बसया ने तो नहीं उसे चुरा लिया है, और किसी को बेच दिया है फिर सोचने लगी किसको और कितने में बेचा होगा बसया तो बच्चा है वही सब नहीं जानता।

***

बसया की सौतेली मां ने अनुमान लगाया कि जरूर थीम्मा और उसके पिता ने यह काम किया है सौतेली मां का यह मानना था कि थीम्मा एक चोर है वह मूंगफली बेचने में भी चोरी करता है। एक का नाम लेता है और एक चौथाई भेजता है। गांव के कई लोगों को थिम्मा और उसके पिता ने ठगाथा सौतेली मां का यह मानना था कि चुकी थी थीम्मा और उसके पिता लोगों को ठग कर पैसा कमाते हैं इसीलिए थिम्मा हर दूसरे दिन बीमार पड़ जाता है यह सब सोचते-सोचते सौतेली मां उनके घर जा पहुंची और दरवाजा खटखटाया घोड़ा बसया की खोने की खबर की वजह से बहुत परेशान था इसलिए उसने दूसरे दिन पंचायत को बुलाया। सानिया भी इस बात को लेकर बहुत परेशान था गांव में सब जानते थे कि यह औरत (बसाया की सौतेली मां) एक गुस्सैल औरत है और हर बात को बढ़ा चढ़ा कर बताती है। यह सोचते सोचते सानिया थीम्मा के घर की ओर दौड़ा , थीम्मा पहले यह सब सोच चुका था वह घबरा रहा था कि अब क्या होगा। अगर बसया नहीं मिला तो क्या पंचायत उन्हें सजा देगी। हमने तो उसे गांव छोड़कर जाने के लिए कहा था पर यह नहीं सोचा था कि इसका परिणाम हमें भुगतना पड़ेगा और भागते हुए सानिया को देखकर थीम्मा और भी डर गया और से पूछने लगा, "क्या हुआ? तुम इस तरह भाग क्यों रहे हो? सानिया ने बताया कि बसया की सौतेली मां हम दोनों पर बसया और गौरी की चोरी की बात का इल्जाम लगा रही है और यह भी कह रही है कि हम दोनों ने मिलकर बसया की हत्या कर दी है और पैसे भी लिए हैं कल पंचायत बुलाई गई है पता नहीं अब क्या होगा ।

***

जय बजरंग बलि बोलते ही जब मैंने पानी में छलांग लगाई तो मैं खुद को ही भूल गया मुझे ऐसा लगा जैसे मैं अपने गांव के बड़े तालाब में तैर रहा हूं। स्विमिंग पूल की चारों तरफ जो दीवार होती है मुझे वह पसंद नहीं आई पर मेरी हालत थी, इस समय यह स्विमिंग पूल ऐसा था मानो अंधों में काना राजा । मेरे पास और कोई विकल्प नहीं था जब तक मुझे पानी में तैरने का मौका मिल रहा था मुझे इस बात की खुशी थी कि कम से कम मुझे पानी में तैरने का मौका तो मिल रहा है। मेरा एक सपना पूरा हो गया था। मैं तैरता ही गया और तब तक तैरता रहा जब तक मैं पूरी तरह हताश और थक नहीं गया। जब मेरे शरीर की ऊर्जा पूरी तरह समाप्त हो गई मैंने देखा वह। बहुत से ऐसे लोग थे जो दो चक्कर लगाकर ही थक जाते थे कुछ लोग एक चक्कर लगाकर थक गए कुछ तीन या चार चक्कर लगाकर थक गए। यह सब लोग किसी व्यवसाय कारण से तैर रहे थे पर मैं अपनी अंतरात्मा की खुशी के लिए बीते दिनों को याद करने के लिए। पानी में तैरना मेरे लिए अति सुखमय था मैंने 6 चक्कर लगाए स्विमिंग पूल के और साथ 7 जैसे ही लगाने लगा मैंने देखा कि मेरी जय बजरंगबली बोल

• 26 •

कर पानी में छलांग लगाने पर लोग मुझ पर हंस रहे हैं वह सब लोग मुझे घूर घूर कर देख रहे थे शायद वह लोग सोच रहे थे कि मैं कोई गांव का गवार, या भूत हूं , किसी अन्य ग्रह से आया हूं या व्यक्ति हूं 17चक्कर लगाने के बाद जैसे ही में 8 चक्कर लगाने लगा तो मैंने देखा कि स्विमिंग पूल में मैं एक अकेला व्यक्ति था जितने भी लोग मुझसे पहले मेरे साथ तैर रहे थे सब वहां से थक कर जा चुके थे और मुझे हैरानी से तक रहे थे वह व्यक्ति जो 10 मिनट पहले तक इन लोगों के लिए हंसी का पात्र था अब उनको हीरो जैसा प्रतीत हो1 मैंने लोगों को आपस में बात करते सुना ,कौन है? इसे कहां से इतनी अच्छी ट्रेनिंग मिलती है ? इसका कोच कहा है? क्या यह ओलंपिक्स में जाने की तैयारी कर रहा है? इस तरह के सवाल शायद उन लोगों के मन में उठ रहे थे पर मैं तो अपनी ही दुनिया में मग्न था और बहुत खुश था अब मुझे वह दो आंखें नहीं नजर आई जो मुझे बहुत दिनों से घूर रही थी1

3

चुप हो जाओ सब लोग अब कोई बात नहीं करेगा सब चुपचाप नीचे बैठ जाए 1 मिनट के लिए जैसे ही गांव वालों ने यह आवाज सुनी सब चुप हो गए और एकदम शांत होकर बैठ गए ऐसा लग रहा था मानो पूरा गांव जो है पंचायत की सभा में आ गया 1 बसया की सौतेली मां ची ची कर रोते रोते बोल रही थी इन लोगों ने मरने दो इन लोगों की वजह से आज मेरी हालत है इन लोगों ने मेरे भोले भाले बेटे को चोरी करना सिखाया है थी हे भगवान1(थीम्मा, और सानिया)1 ऐसा लग रहा था मानो कुदरत भी इस औरत के साथ झगड़ा करने के लिए असमर्थ थी इसीलिए एक भी पत्ता नहीं हिला कहीं से कोई आवाज नहीं आई सब ने हार मान ली थी इस औरत की झगड़ालू आवाज से1 "अम्मा रोना बंद करो ,और मुझे बताओ ठीक से कि क्या हुआ ह"?, अपना रोना किसी तरह रोक कर सौतेली मां बोली, "मैं क्या कहूं जनाब ,इन दोनों ने(थीम्मा, और सानिया), मिलकर मेरी परिवार को खराब किया है मेरे घर को डुबो दिया है अपने गलत कारनामों से इन्हें सजा मिलनी चाहिए,1 "क्यों अम्मा ,मुझे क्यों उल्टा सीधा बोल रही है और क्यों भड़का रही है ?थीम्मा जोर से चिल्लाकर बोला यह सुनकर गोड़ा बोला कि शांत हो जाओ अगर "तुम लोग ही बोलते रहेंगे तो यहां पंचायत बैठाने का क्या फायदा? थीम्मा फिर से बोला "देखें जनाब ,यह हम पर क्या गलत इल्जाम लगा रही है1 सौतेली मां फिर से बोली "जी हां यह सब गलत काम इन्होंने ही किए हैं तुम लोगों ने ही बसया का दिमाग खराब किया और उसे गलत काम करने को कहा, इस लड़ाई झगड़े से नाराज होकर गोड़ा ने बोला "तुम दोनों चुप हो जाओ वरना मुझे गुस्सा आ जाएगा अगर आपस में ही झगड़ा करना था तो पंचायत क्यों बुलाई"? और दोनों को चुपचाप बैठने के लिए बोला गया1

गोड़ा ने सौतेली मां से कहा,

परवा तुमने पंचायत बुलाई है अब विस्तार से बताओ हुआ क्या?, किसी तरह अपना रोना रोककर सौतेली मां बोली ,",अब मैं आपसे क्या कहूं जनाब हमारा बसया पिछले 3 दिन से गायब है और हमारी गाय गौरी भी नजर नहीं आ रही थीम्मा और सानिया ने थीम्मा की बुद्धि भ्रष्ट कर दी और उसे गाय को चुराकर बेचने के लिए मजबूर कर दिया, और गांव से भगा दिया ,मेरा पति भी गांव में नहीं है वह ड्रामा कंपनी के साथ बाहर गया हुआ है मैं असहाय हूं अब मैं क्या करूं अब कौन मेरा ध्यान रखेगा? परवा फिर से रोने लगी, थीम्मा की तरफ देखते हुए गोड़ा ने कहा थीम्मा तुम्हारा क्या कहना है इस बारे में, तो थीम्मा बोला,

"आयो , गोड़ सर ,हमें कुछ नहीं पता बसया ने मुझे और सानिया को कई बार यह बात कही थी कि सौतेली मा उसे बहुत तंग करती है और उसकी वजह से मैं गांव छोड़ कर जाना चाहता है हमने उसे डांट कर वापस घर भेज दिया और अभी औरत कह रही है कि वह हमारी वजह से कहीं बाहर चला गया। बसया गायब हो गया है, जरूर गुस्से में ही कहीं छुपा होगा आ जाएगा। और वैसे भी मेरे अपने जीवन में ही बहुत सी परेशानियां हैं जिनको मुझे ध्यान देना है इस औरत की परेशानियों से मुझे कुछ लेना देना नहीं है" क्यों सानिया ने ठीक कहा ना? सानिया अभी भी घबराया हुआ था यह सोच कर कि अगर सच पता चल गया तो वे लोग मुश्किल में फंस जाएंगे, कुछ क्षण सोचने के बाद गोड़ा ने थीम्मा की ओर देखा और कहा, "देखो परवा हमने थीम्मा और सानिया को बचपन से देखा है यह अच्छे लड़के हैं। यह दोनों बसया के साथ केवल मवेशी चराने गए थे उसके बाद यह लोग करने के लिए तालाब तक चले गए बस यही किया है इन्होंने और कुछ नहीं है हो सकता है" । "बसया कहीं चला गया हो और कुछ दिन बाद घर आ जाएगा तब तक तुम थोड़ी हिम्मत रखो मैं सिद्धा को भेज दूंगा , मवेशियों का ध्यान रखने के लिए तुम इस काम के बदले सिद्धा को रागी या कुछ इनाम दे देना"। और सिद्धा की तरफ देखते हुए बोला," सिद्धा तुम आज से इनकी मवेशियों को चराने के लिए ले जाना", वार्तालाप खत्म होते ही थीम्मा ने सानिया को इशारा किया और वे दोनों वहां से चले गए फिर मैं दोनों लड़कों ने चैन की सांस ली कि कैसे इस मुसीबत से निकल गए हालांकि घोड़ा के मन में अभी भी सिंबा और सानिया को लेकर कुछ शक था।

***

कुछ ही दिनों में मेरी सौतेली मां पहले जैसी हो गई। सिद्धा रोज आकर उनके मवेशियों को चराने ले जाता और मुश्किल समय में मदद करता। थीम्मा और सानिया भी बीच-बीच में आकर मेरे सौतेली मां का हाल चाल पूछ लेते थे अब मेरी सौतेली मां थीम्मा पर पहले की तरह नहीं चलाती थी कुछ भी कहो थीम्मा एक व्यापारिक मानसिकता वाला व्यक्ति था। एक कंजूस आदमी था वह गांव में काली मिर्च, जीरा ,और मूंगफली के तेल का व्यापार करता था और मेरी सौतेली मां को भी दिया करता था यह बात प्रमाण था थीम्मा मुझे एक दोस्त की हैसियत से बहुत प्यार करता था। गोड़ा ने गांव के कुछ लोगों को कहा था कि वह जाकर मेरे पिताजी को ढूंढ कर लाए और उसने मेरी सौतेली मां से वादा किया कि वह पिताजी को जरूर ढूंढ कर लाएगा एक न एक दिन। सानिया की दी हुई दवाइयों से थीम्मा का बच्चा भी धीरे-धीरे ठीक हो रहा था अब मेरे गांव का जनजीवन और मेरी सौतेली मां का जनजीवन सामान्य होने लगा था । थीम्मा और सानिया रोज मंदिर जाकर मेरे नाम की प्रार्थना करते थे कि मैं जहां भी रहूं सुरक्षित रहूं। किसी ने नहीं सोचा था कुछ दिनों बाद देश में कुछ नया बदलाव आने वाला है।

***

स्विमिंग के बाद के अगले दिन मेरी सामान्य दिनचर्या शुरू हो गई थी। और मैं हमेशा की तरह मन लगाकर दुकान में काम कर रहा था। हमारे दुकान के मालिक को भी पता चल

गया कि मैं घंटों तक पानी में तैर सकता हूं और यही नहीं हमारे रोज के ग्राहक कपूर जी ने भी आकर मुझसे कहा," क्या बेटा स्विमिंग कैसी रही ? और हंसते-हंसते उन्होंने मेरी पीठ थपथपाई। यह सब तारीफ देख कर मुझे और अधिक पउत्साह आया और मैंने सोचा मैं इससे भी अधिक मेहनत करूंगा और अच्छी स्विमिंग करूंगा। मैं और अधिक तेजी से और खुशी से काम करने लगा मुझे इतना जोश आया कि मैं आधे से ज्यादा ग्राहकों का अकेले ही ख्याल रख लेता था ।मेरा मालिक भी मेरे काम से बहुत खुश था और मुझे पता चला कि इस खुशी में मेरे मालिक ने मेरी तनखा 250/ महीना बड़ा ने क्या विचार किया है मेरी खुशी का कोई ठिकाना नहीं था। मैं अपनी नई जिंदगी जीने लगा था और इस नई जिंदगी को मैंने कमाया था मुझे हफ्ते में पूरे 1 दिन की छुट्टी मिलती थी और वह पूरा 1 दिन मैं स्विमिंग करते हुए बिताना चाहता था और दूसरी तरफ तनखा में वृद्धि की बात सुनकर मेरी खुशी दुगनी हो गई अब तो मेरे पास दो कारण थे तैराकी करने के लिए -एक तो मुझे पूरी छुट्टी मिलती थी और दूसरा कारण था वह दो आंखें जो मुझे निहारती थी और उन्हें हक था कि वह मुझे स्विमिंग करते हुए और अधिक देखें।

गांव के किसी व्यक्ति ने बेटाहल्ली नाम की एक दूरदराज जगह में मेरे पिताजी को देखा। व्यक्ति ने जाकर मेरे पिताजी को सारी बात बताई। मेरे पिताजी ड्रामा कंपनी के साथ इस बेटा हल्ली नाम की जगह में आए थे ड्रामा कंपनी के मैनेजर से गांव जाने की इजाजत मांगी और रात के समय , मेरे पिताजी ड्रामा की तैयारी कर रहे थे तो मैनेजर ने उनसे प्यार से कहा," ठीक है तुम चले जाओ लेकिन वापस आ जाना एक तुम ही हो जो बहुत समय से अपने घर नहीं गए हो, जाओ अपने घर और अपने बेटे को ढूंढो तुम्हारा बेटा जरूर वापस आ जाएगा ,सब ठीक हो जाएगा चिंता मत करो भगवान तुम्हारी रक्षा करें", छुट्टी पर निकलते समय मैनेजर ने पिताजी का हिसाब किताब लगाया और उन्हें ₹600 दिए आखिरकार कुछ महीनों बाद पिताजी घर आ ही गए। मेरी सौतेली मां जो सब पर गुस्सा करती रहती थी पिताजी को देखकर कुछ शांत हुई पिताजी भी खुश थे कि सौतेली मां न गुस्सा कर रही थी ना उन्हें परेशान करे थी। पर वह पिताजी के सामने रोते-रोते बार-बार उनसे कह रही थी कि तुमने मेरी जिंदगी खराब कर दी पिताजी जीवन के अनुभव से इतना तो सीख गए थे कि कोई फायदा नहीं था सौतेली मां सौतेली मां के साथ बहस करने का। एक दिन मेरे पिताजी गोड़ा के घर गए उन्होंने मेरे पिताजी को लस्सी पिलाई और बात करने लगे शुरू में ड्रामा कंपनी और ड्रामा कंपनी के अनुभव और इधर उधर की बातें करने के बाद मेरे बारे में बात शुरू हुई गोड़ा बोले , "बसया एक बहुत ही अच्छा बेटा ,है थीम्मा से मैंने सारी सच्चाई पता कर ली है, जब गौरी खो गई तो सौतेली मां की डांट से बचने के लिए, बसया गांव से से भाग गया तुम चिंता मत करो, बसया एक अच्छा लड़का है वह जल्दी घर आ जाएगा , किसी का कोई नुकसान नहीं करेगा वह जवान है घर से दूर गया है एक ना एक दिन जरूर आएगा चिंता मत करो। अगर आप चाहे तो वापस जा सकते हैं जरा सोचिए क्या आपको लगता है कि बसाया की सौतेली मां उसे माफ कर देगी वापस जाने से पहले मेरी सलाह है कि आप अपने घर और जमीन

जायदाद बसाया के नाम कर दीजिए फिर किसी तरह की कोई परेशानी नहीं रही। एक बार इस बारे में सोच लीजिए गोड़ा ने जोर देते हुए मेरे पिताजी से कहा मेरे पिताजी ने कहा , "यह सब बातें समझ नहीं आती मुझे यह सब नहीं आता आप पढ़े लिखे इंसान हैं जैसा आप कहें वैसे ही करेंगे और तुरंत ही गोड़ा ने जमीन जायदाद मेरे नाम कराने की कार्यवाही शुरू कर दी और यह सारी जमीन जायदाद, मवेशी ,घर ,सब कुछ बसयां नाम पर कर दिया जाएगा। और जब तक वह गांव वापस नहीं आता सिद्ध इन सब चीजों का ध्यान रखेगा जिसके लिए उसे कुछ पैसे और अनाज दिया जाएगा गोड़ा के इस फैसले से सौतेली मां ने फिर से चीखना चिल्लाना शुरू कर दिया और बोली मुझे, "भिखारी बना दिया है तुम सब मरो"। सौतेली मां जो कुछ समय से चुपचाप थी फिर से गालियां देने लगी थी लोगों को । यह सब देखकर मेरे पिताजी परेशान हो गए वह वापस अपनी ड्रामा कंपनी में चले गए जाने से पहले पिताजी गोड़ा से मिले और उनसे विनती की, और याद दिलाया कि वह कि जमीन और घर का ध्यान रखें।

***

"हेलो, आप कैसे हैं? मेरा नाम शेफाली है"। जैसे ही मैंने यह शब्द सुने मैंने मुड़कर देखा यह वही आंखें थी जो बहुत दिनों से मुझे देखती थी और आज मैंने इन्हें देख ही लिया मैं सोचने लगा कि कौन है यह लड़की? इससे पहले मैंने अपने जीवन में कभी किसी लड़की से बात नहीं की थी इसलिए मुझे जवाब देते हुए हिचकिचाहट हो रही थी मुझे समझ नहीं आया कि मैं क्या बोलूं। केवल उमा ही एक ऐसी लड़की थी जिसे मैंने जीवन में बात की थी अब इस लड़की से मैं क्या बात करूं? यह सोच कर ही मेरा पूरा शरीर थरथर कांप रहा था। वह लगातार मुझे देखते जा रही थी और मैं आसमान की ओर देखने लगा। उस समय न वो कुछ बोली ना मैं कुछ नहीं बोला इस शांति को भंग करते हुए बोली ,"हेलो मैं आप ही से बात कर रही हूं"। सीना दूर से यह सब देख रहा था और कुछ समय बाद में हमारे पास आ गया सीना को देखकर मुझे थोड़ी हिम्मत आई सीना ने उस लड़की से कहा ,"सॉरी मैडम, यह मद्रासी ह, यह कुछ समय पहले ही बेंगलुरु से मुंबई आया है इसे हिंदी नहीं आती," तो वह लड़की बोली, "अच्छा ऐसी बात है? पर मुझे तो कन्नड़ बोलनी आती है"। उसने फिर से कन्नड़ भाषा में मुझे अपने बारे में बताया उसके बाद सीना और वह लड़की कुछ 15 मिनट तक आपस में कुछ बात करते हैं हालांकि वे दोनों आपस में बात कर रहे थे मैं समझ गया था कि वे लोग मेरे बारे में ही बात कर रहे। और कुछ क्षण बाद में लड़की बोली, "अच्छा धन्यवाद ,अब मैं चलती हूं अपना ख्याल रखना फिर मिलेंगे"। कहकर वह लड़की स्कूटर पर बैठ कर चली गई थी। सीना ने भी मुझे कहा, "चलो हम भी चलते हैं ",मैंने सीना की तरफ देख कर उसे पूछा, "कौन है लड़की और यह क्या कह रही थी"? सीना ने कहा कुछ समय बाद में तुम्हें सब समझा दूंगा अभी हम काम के लिए देर हो रही हैं चलो चलते हैं। मुझे अब स्विमिंग पूल के बाद स्विमिंग प ल से दुकान तक पैदल जाने की आदत पड़ गई थी पर पता नहीं क्यों आज मैं थकान महसूस कर रहा था पर यह थकान स्विमिंग की वजह से नहीं थी इस ख्याल की वजह से थी कि मैं अपनी

मृत माता के नाम की पूजा किया करता था और मैं सोचता रहा कि किससे मैं पूछूं ?और कैसे मैं अपनी मां के लिए पूजा करूं? यहां किसी को मेरी भाषा समझ नहीं आती यह सब सोचते सोचते मैं थक गया था और यही सब सोचते सोचते अनजाने में ही 10 चक्कर लगा चुका था। मेरा मूड खराब था और मैं कुछ समय अकेला रहना चाहता था यह देखते हुए सीना ने मुझसे ज्यादा बात नहीं की, सीना मेरे लिए एक प्लेट में रोटियां चावल और दाल लेकर आया और बोला , "बसया खाना खा लो, तुमने सुबह से कुछ नहीं खाया है इतना स्विमिंग करने के बाद तुम थक गए हो थोड़ा सा खाना खाना जरूरी है तुम्हारे, लिए प्लीज खा लो।" मैंने ना मे सिर हिलाते हुए कहा कि ,"मुझे नहीं खाना" सीना ने मुझसे पूछा, "क्या, क्या बात हुई है? प्लीज मुझे बताओ", सीना के प्यार भरी बातें सुनकर मेरा मन भर आया और मैं जोर से रो पड़ा सीना ने फिर मुझसे कहा "बच्चा, रोना बंद करो मुझे , तुम मेरे दोस्त हो कि क्या बात है? तो मैंने उसे बताया कि आज मेरी मां की मृत्यु का दिन है और हर साल गांव में उनके नाम की मैं पूजा करता था पर आज मैं नहीं कर पाया जैसे ही सीना में बात सुनी बोला , "बस इतनी सी बात है? तुमने मुझे पहले क्यों नहीं बताया, अगर पैसे दे तो मुंबई में ऐसा कोई काम नहीं है जो नहीं हो सकता तुम चिंता मत करो तुम्हारी मां के लिए नहीं हम अपने लिए भी पूजा करवा सकते हैं बस पैसे देने की देरी है, अब तुम कुछ खा लो और फिर हम चलते हैं पूजा करने के लिए", मेरे मन में यह विचार आया- "यह क्या कह रहा है? इसको क्या यह पूजा-पाठ बच्चों का खेल लगता है? पर मुझे सीना पर पूरा भरोसा था जैसा मुझे थीम्मा और अपने गांव पर था। सीना एक अनुभवी व्यक्ति तो था ही उसे मुंबई के बारे में बहुत जानकारी प्राप्त की थी मुझे पूरा विश्वास था कि सीना मेरे लिए पूजा-पाठ की व्यवस्था कर देगा मेरे मन में बहुत कुछ चल रहा था मैंने सोचा मुझे पहले ही सीना को यह सब बात बता देनी चाहिए थी पर यह करेगा कैसे ?,सीना फिर से बोला , "दोस्त जल्दी से खा लो फिर हम चलते हैं, तो मैंने सीना को बताया कि ,"इस पूजा विधि से पहले व्रत रखते हैं कुछ खाते नहीं है जब तक पूजा संपन्न नहीं हो जाती", सीना बोला "तुमने आज इतनी अधिक स्विमिंग की है कि अगर तुम भूखे रहे तो , हमें तुम्हारे नाम की पूजा भी करनी पड़े अच्छा चलो कम से कम थोड़ा नारियल पानी पी लो", और मैंने सीना की बात मानकर नारियल पानी पी लिया और बोला "मैं यह सब नहीं समझता चलो चलते हैं", और फिर बोला "रुको पहले मैं जाकर मालिक को बता देता हूं" सीना सीना मालिक के पास गया और बोला "मैं बाहर जा रहा हूं , जरूरी काम से शाम तक आऊंगा और रात को देर तक रुक कर काम कर लूंगा। मैं थका हुआ था तो हमने घोड़ा गाड़ी ली और 4 किलोमीटर का रास्ता तय किया और एक बड़ी सी दुकान के आगे रुके उस दुकान के बराबर में एक पतली सी गली जाती थी हमने गली पार की और थोड़ा सा आगे आधा किलोमीटर तक और एक बड़े से निवास स्थान पर पहुंच गए हम उस आधे टूटे हुए घर के अंदर चले गए हमने थोड़ा सा नारियल पानी पिया और फिर 2 किलोमीटर चले मुझे बिल्कुल भी अंदाजा नहीं था कि हम कहां जा रहे हैं और इस दौरान सीना ने एक भी शब्द नहीं बोला चलते चलते हम एक छोटे से मंदिर तक पहुंच गए

सीना ने मुझे अंदर बुलाया। मंदिर के बराबर में ही एक छोटा सा घर था वह घर पंडित का घर था सीना ने जाकर पंडित से बात की पंडित ने सीना से कुछ कहा, उनकी बातों से मैं समझ गया कि पंडित कह रहा है कि यह पूजा विधि अब पुराने जमाने की बात है, अब मुंबई के लोग नए जमाने के जीवन शैली को का पालन करते है पंडित ने कहा मुंबई में लोगों के पास पूजा पाठ करने के लिए सोचने का भी समय नहीं है पूजा को करना तो बहुत दूर की बात है। तो पंडित ने सुझाव दिया कि अच्छा रहेगा कि इस पूजा का मान रखने के लिए तुम किसी ब्राह्मण को दक्षिणा दे दो, खाना खिला दो, और धोती और कपड़े दे दो और पिंड दान का पूजा अर्पण कर दो मृतक की शांति के लिए। हालांकि मुझे यह विचार पसंद नहीं आया , फिर मैंने मन में सोचा जो मौका मिल रहा है वही काम कर लिया जाए। जैसा कि पंडित ने हमें सुझाव दिया था हमने धोती, शॉल, साड़ी ,पान के पत्ते, सब चीजें जमा कर दिया और नल के नीचे नहाने के बाद आधे घंटे के अंदर हमने यह पूजा विधि संपन्न कर दी। पंडित को देखकर मुझे लगा कि वह पंडित चित्तूर आंध्र प्रदेश से है। पंडित 10 साल पहले नौकरी की तलाश में मुंबई आया था पंडित को वेदों की भी अच्छी जानकारी थी और भाग्य से नौकरी भी मिल गई। पंडित मन लगाकर इमानदारी से तेलुगु में मंत्र उच्चारण कर रहा । वह पंडित अपनी पूजा पाठ के ज्ञान के लिए प्रसिद्ध था और आसपास के तेलुगु तमिल लोग उसके पास पूजा करने आते थे और यही उसकी आजीविका का साधन था मंदिर की संस्थान ने उसे एक छोटा सा घर भी दिया था। यह सब बातें मुझे सीना समझाएं पर मुझे यह नहीं पता चला कि वह पंडित शादीशुदा था या अभी तक कुंवारा था। खैर मेरी माता जी की श्राद्ध विधि संपन्न हुई और इसके लिए मैं सीना का आभारी था। दोपहर के 3:00 3:30 बज चुके थे हम पैदल वापस आए और फिर से नारियल पानी पिया। हमने घोड़ा गाड़ी ली और दुकान तक वापस आ गए मेरे शरीर की सारी थकान और दर्द निकल चुका था मेरे अंदर एक नई ऊर्जा का संचार हो रहा था । मैं खुश था कि मैंने अपनी मां के श्राद्ध की विधि अच्छी तरह संपन्न की पूजा करते वक्त मुझे अपने मित्र और अपने पिता की बहुत याद आई। दुकान पर पहुंचकर सीना वापस काम पर लग गया पर मैं एक कोने में बैठ कर अपनी मां को याद करने लगा।

***

"मावा कैसे हो? यहां कैसे आना हुआ? आंटी कैसी हैं? बसाया ठीक है? आओ चलो घर चलें, यहां पर धूप बहुत तेज है जिसकी वजह से तुम थक गए हो ,आओ घर चलो, एक गिलास ठंडा जूस पी लो"। यह कहकर वह मीनाक्षी मेरे पिता के जवाब , दिए बिना सुने बिना ही आगे चल पड़े कुछ कदम आगे बढ़ाने के बाद जब उन्होंने पीछे मुड़कर देखा तो पाया कि मेरे पिता अभी वही अभी भी वही खड़े हैं जहां पहले थे। मीनाक्षी फिर बोली "ओहो डरो मत मां कुछ नहीं कहेंगे। ऐसा कहकर उन्होंने एक ऑटो रिक्शा बुलाई, उन्होंने मेरे पिताजी को आराम से ऑटो रिक्शा में बिठाया और वह ऑटो रिक्शा खुडियाला बलों की ओर चल पड़ी। अगर मीनाक्षी दो घड़ी भी चुप बैठ जाए तो उसके पेट में दर्द होने लगता था मैं जब भी घर में होती ऐसे लगता कि जैसे कोई चिड़िया अपने घोंसले में ची ची करती घूम रही है हालांकि वो मुझसे उम्र में

ढाई साल छोटी थी पर वह मुझ से कहीं अधिक बुद्धिमान और होशियार थी 1 वह एक स्पष्ट बात बोलने वाली लड़की थी किसी के पीठ पीछे बुराई नहीं करती थी1 मैं मुझे रोज बोलती थी क्या" तुम हर वक्त चुप रहते हो कुछ बात नहीं करते हो"(, मैं स्वभाव से कम बोलने वाला व्यक्ति हूं),और वह हर समय बात करना पसंद करता थी 1 घर का दरवाजा खोलते हुए और पंखा चलाते हुए मीनाक्षी बोली " मावा यह मेरा घर है अंदर आओ ना, मेरे पिताजी, जो गर्मी की वजह से बहुत भभक महसूस कर रहे थे पंखे की हवा खा कर उन्हें अच्छा लगा उन्होंने अपनी कमीज हटाई अपनी टांगें और चेहरा पानी से धोया और जमीन पर बैठ गए1 तो फिर से मीनाक्षी बोली " ओ मामा यहां आओ, और सोफे पर बैठे हो वहां जमीन पर नहीं" मेरे पिताजी ने प्यार से कहा "कोई बात नहीं बेटा मैं बाहर से आया हूं बहुत गर्मी है जमीन पर बैठने से मुझे ठंडक महसूस हो रही है" मीनाक्षी ने पिताजी को रसना(एक प्रकार का ठंडा जूस) देते हुए हुए बोली , "पीजिए ठंडा है, और थोड़ी देर आराम कर लीजिए अगर आपको और रसना पीना हो तो आप मुझे कह सकते हैं, वातावरण में बहुत अधिक उमस है अगर आप पानी नहीं पिएंगे तो अब बीमार पड़ सकते हैं, आप आराम कीजिए तब तक मैं चावल बना लेती हूं रसम भी तैयार है जो मां ने सुबह ही बना दिया था1 मैं आपको खाना खाए बिना नहीं जाने दूंगी "1 पिताजी बोले "मुझे खाना नहीं चाहिए मैं कुछ देर आराम करना चाहता हूं और फिर चला जाऊंगा"1 तब फिर से पिताजी बोले ,"अरे प्यारी लड़की क्यों खाना बनाने की तकलीफ उठाती,हो", मीनाक्षी बोली " क्या आप मेरा स्वभाव नहीं जानते क्या आपको लगता है कि मैं आपको अपने घर आकर खाना खाए बिना जाने दूंगी", "आप आराम कीजिए आप चाहते हैं तो मैं टीवी पर चला दूंगी आप आराम से टीवी देखें तब तक मैं अंदर रसोई में जाकर खाना तैयार करती हूं , मुझे 5 मिनट दीजिए", पिताजी चलने के लिए उठे तो मीनाक्षी फिर बोली " उम्मीद है आप खाना खाकर जाएंगे अगर आप नहीं खाएंगे तो मैं बहुत बुरा मानूंगी और आपसे बात नहीं करूंगी", तो पिताजी बोले "अरे नहीं ऐसा मत कहो, मैं तो तुम्हारे घर कोई फल या फूल भी लेकर नहीं आया मैं से बाहर जाकर तुम्हारे लिए कुछ तोहफा कुछ फूल लेकर आना चाहता हूं "और पिताजी जाने के लिए उठे तो फिर मीनाक्षी बोली "ओहो इन सब की जरूरत नहीं है देखें पूरा फ्रीज फलों से भरा हुआ है", फ्रिज का दरवाजा खोल कर पिताजी को दिखाया1, पिताजी उसकी मासूमियत देखकर हंस पड़े और बोले "तुम अभी भी बच्ची हो तुम यह सब नहीं समझती किसी के घर खाली हाथ जाना अशुभ होता है खासकर बहन के घर, हमारी संस्कृति में किसी के घर खाली जाने का अर्थ होता है कि शनि की कुदृष्टि पड़ सकती है मैं जल्दी से जा कर ले आता हूं और मैं बिना खाना खाए यहां से नहीं जाऊंगा", यह कहकर पिताजी ने अपनी कमीज पहनी और बाहर निकल गए1

पिताजी आधे घंटे में बाजार से सेब ,संतरे ,केले और अपनी बहन के लिए साड़ी ब्लाउज शॉल और धोती और क्रीम बन, बिस्कुट और बेकरी से खाने का सामान लेकर अपनी बहन के घर पहुंचे 1जैसे ही मीनाक्षी ने क्रीम बन देखा रे खुशी से झूम उठी 1 क्रीम बन एक ही बेकरी में बनते थे और मिलते थे, मीनाक्षी, उसे नाश्ते में, दोपहर के खाने ,में या रात के खाने में

अगर क्रीम बन खिलाया जाए तो मैं खुशी-खुशी खा लेती थी और यह क्रीम बन उ इसलिए भी खास लगते थे क्योंकि यह मेरे पिताजी बहुत स्नेह से उसके लिए लेकर आते थे1 5 साल की उम्र से ही मीनाक्षी ऐसी है और अब 16 या 17 साल की उम्र में भी मासूम बच्चे की तरह है, क्रीम बन देखते ही मीनाक्षी खुशी से झूम उठे पिताजी ने उसे प्यार से कहा, "अब तुम इन्हें खा लो", उसके बाद पिताजी ने अपनी कमीज उतारकर कील पर टांग दी और हाथ पैर धो कर बैठकर बोले अरे "वाह क्या बात है, मेरी बेटी इतनी बड़ी हो गई क्या खाना बना सकती है", तो इस पर मीनाक्षी का बोली "ओहो मामा मुझे सिर्फ चावल बनाने आते हैं और यह कोई बहुत बड़ी बात नहीं है ,बहुत आसान है चावल बनाने बहुत आसान है एक गिलास चावल लो दो गिलास पानी लो गैस को जलाओ और कुकर की दो सिटी में चावल बन कर तैयार हो जाते हैं", पिताजी को लग रहा था कि यह अभी भी वैसे ही मासूम है जैसे बचपन में हुआ करती थी1 पिताजी ने थोड़े से चावल लिए और मीनाक्षी ने उन्हें फ्रिज में से रसम निकाल कर दिया 1 क्योंकि चावल गर्म थे ठंडा रसम उन्हें अच्छा लगा खाना खाने के बाद पिताजी ने उससे पूछा "तुम खाना क्यों नहीं खा रही हो बेटी"? वह बोली" मामा मुझे भूख नहीं है और वैसे भी मैं क्रीम बन खाऊंगी", खाना खाने के बाद पिताजी वही फर्श पर सो गए वह बहुत थके हुए थे और सुबह से मंगलुरु गए हुए थे1 वह आधे घंटे के लिए गहरी नींद सो गए 1 पिताजी को जगाते हुए उमा बोली "बहुत सो लिए अब उठो ",पिताजी ने देखा उनकी छोटी बहन वापस घर आ गई है अपनी छोटी बहन को इतने लंबे अरसे के बाद देखकर पिताजी बहुत खुश रहें जबकि उनकी बहन ने उनसे कड़क अंदाज में सिर्फ इतना ही पूछा" अन्ना तुम कैसे हो ?तुम यहां मंगलुरु कैसे आए? कब आए ? तुमने खाना खाया?", पिताजी बोले" हां सरोजा मैंने खाना खाया और मैं ठीक हूं मैं ड्रामा कंपनी के लोगों के साथ मंगलुरु किसी काम से आया हूं जिसके साथ आया हूं उस व्यक्ति का 13एकड़ के नारियल के खेत है और उसने मुझे यह भी कहा कि तुम मेरे साथ चलो क्योंकि आजकल उसके नारियल के खेतों में बहुत से चोर आने लगे हैं 1 वह इसी तरफ आ रहा था तो उसने मुझे साथ चलने के लिए कहा और मैं उसकी मदद करने के लिए आ गया मैं यहां फिर मैंने यह भी सोचा चलो इसी बहाने धर्मस्थल में प्रभु मंजू नाथ के दर्शन भी हो जाएंगे अब मैं उस व्यक्ति के घर पर ही रुकूंगा क्योंकि उसके घर से धर्मपाल को जाने के लिए कई सारे साधन प्राप्त हो सकेंगे1 मेरा मालिक मेरे काम से बहुत खुश है और बोलता है कि मैंने उसकी कंपनी के लिए बहुत मेहनत की है और बहुत काम किया है और जितना भी पैसा हमने तुम्हें दिया है तुमने खुशी से स्वीकार किया है हालांकि वह पैसा जितना तुमने काम किया है उसके बदले बहुत कम है इस अच्छे बर्ताव के बदले में मैं चाहता हूं कि तुम मेरे साथ चलो 2 दिन मेरे घर रहो और मुझे सेवा का मौका दो मैं तुम्हारे लिए मंजू नाथ के दर्शन का भी इंतजाम कर दूंगा इसीलिए बीते कल मैं प्रभु मंजू नाथ के दर्शन भी करके आया हूं मैं वहां 2 दिन रुका सुबह और शाम 1 बहुत ही अच्छे दर्शन हुए प्रभु के और आज दोपहर को ही मैं वापस लौटा हूं और बस स्टैंड पर ही मुझे यह शरारती बेटी मिल गई इसने मेरी बात नहीं मानी और मुझे जबरदस्ती यहां इस घर में ले आई, मेरे बैग में धर्मस्थल मंजूनाथ का प्रसाद

भी है जो मैं तुम्हें शाम की आरती के बाद जरूर दूंगा"1

इतने में कुछ लड़कियां मीनाक्षी को ढूंढती हुई वहां आ प पहुंची और बोली "आंटी मीनाक्षी घर पर है? उसको बोलो कि वह हमारे साथ आ जाए1 मेरी बहन ने कहा "तुम थोड़ा इंतजार करो वो तैयार हो रही है", इतने में मीनाक्षी बाहर आकर बोली "आज मैं तुम्हारे साथ पढ़ने के लिए नहीं आऊंगी क्योंकि मेरे मामा बहुत समय के बाद हमारे घर आए हैं आज मैं भरतनाट्यम की कक्षा में भी नहीं जाऊंगी सर को बता देना", और इतना सुनकर कि सहेलियां वहां से चली गई1 मैंने अपनी बहन से बोला "सरोजा मेरे बैग में कुछ फल और फूल है और कुछ चूड़ियां भी है, मैं अपनी हैसियत के हिसाब से ही तुम्हारे लिए चूड़ियां लेकर आया हूं पर यह याद रखना यह सब सामान तुम्हारे पिता के घर से आए हैं" अच्छा कहकर उनकी बहन रसोई में चली गई उनके जाते ही मीनाक्षी मेरे पिताजी के पास आकर बैठी और बोली और "क्या खबर है मामा? मैं तुमसे बस सयाब के बारे में पूछना चाहती थी" मीनाक्षी के इस सवाल को सुनकर मेरे पिताजी परेशान हो गए मेरे पिताजी एक बहुत ही स्थिर और ठहरे हुए स्वभाव के व्यक्ति हैं वह इतने परेशान तो मेरी माता जी की मृत्यु पर भी नहीं हुए1 यह सुनकर वह एकदम परेशान हो गए मेरे पिताजी मीनाक्षी में अपनी बहू को देखते थे इस तरह का सवाल सुनकर घबरा गए और उनकी आंखें भरने की वाली थी पर उन्होंने खुद को संभाल लिया मीनाक्षी बोली "मावा क्या हुआ मैंने तो सिर्फ बताया कि बारे में ही पूछा है" यह सब सवाल सुनकर पिताजी वहां और नहीं बैठना चाहते थे और वह बोले अब "मैं चलता हूं मेरी ड्रामा कंपनी के मालिक आज रात को ही वापस जा रहे हैं और मुझे चलना चाहिए", यह कहकर पिताजी ने अपनी चप्पल पहनी और वहां से चले पिताजी का इस तरह अचानक चले जाने पर उनकी बहन और मीनाक्षी एक दूसरे को देख कर सोचने लगे यह क्या हुआ और हैरान है 1पहुंची इतने में कुछ लड़कियां मीनाक्षी को ढूंढती हुई वहां आ पहुंचे और बोली आंटी मीनाक्षी घर पर है प्लीज उसको बोलो कि वह हमारे साथ आ जाए मेरी बहन ने कहा तुम थोड़ा इंतजार करो वो तैयार हो रही है इतने में मीनाक्षी बाहर आकर बोली आज मैं तुम्हारे साथ पढ़ने के लिए नहीं आऊंगी क्योंकि मेरे मामा बहुत समय के बाद हमारे घर आए हैं आज मैं भरतनाट्यम की कक्षा में भी नहीं जाऊंगी सर को बता देना और इतना सुनकर कि सहेलियां वहां से चलेगी मैंने अपनी बहन से बोला सरोजा मेरे बैग में कुछ फल और फूल है और कुछ चूड़ियां भी है मैं अपनी हैसियत के हिसाब से ही तुम्हारे लिए चूड़ियां लेकर आया हूं पर यह याद रखना यह सब सामान तुम्हारे पिता के घर से आए हैं पिताजी ने कहा अच्छा कहकर उनकी बहन रसोई में चली गई उनके जाते ही मीनाक्षी मेरे पिताजी के पास आकर बैठी और बोली और क्या खबर है मामा मैं तुमसे बस या के बारे में बसाया के बारे में पूछना चाहती थी मीनाक्षी के इस सवाल को सुनकर मेरे पिताजी परेशान हो गए मेरे पिताजी एक बहुत ही स्थिर और ठहरे हुए स्वभाव के व्यक्ति हैं वह इतने परेशान तो मेरी माता जी की मृत्यु पर भी नहीं हुए यह सुनकर वह एकदम परेशान हो गए मेरे पिताजी मीनाक्षी में अपनी बहू को देखते थे इस तरह का सवाल सुनकर मैं घबरा गए और उनकी आंखें भरने की वाली

थी पर उन्होंने खुद को संभाल लिया मीनाक्षी बोली मावा क्या हुआ मैंने तो सिर्फ बताया कि बारे में ही पूछा है यह सब सवाल सुनकर पिताजी वहां और नहीं बैठना चाहते थे और वह बोले अब मैं चलता हूं मेरी ड्रामा कंपनी के मालिक आज रात को ही वापस जा रहे हैं और मुझे चलना चाहिए यह कहकर पिताजी ने अपनी चप्पल पहनी और वहां से चले पिताजी का इस तरह अचानक चले जाने पर उनकी बहन और मीनाक्षी एक दूसरे को देख कर सोचने लगे यह क्या हैरान है इतने में कुछ लड़कियां मीनाक्षी को ढूंढती हुई वहां आ पहुंचे और बोली आंटी मीनाक्षी घर पर है प्लीज उसको बोलो कि वह हमारे साथ आ जाए मेरी बहन ने कहा तुम थोड़ा इंतजार करो वो तैयार हो रही है इतने में मीनाक्षी बाहर आकर बोली आज मैं तुम्हारे साथ पढ़ने के लिए नहीं आऊंगी क्योंकि मेरे मामा बहुत समय के बाद हमारे घर आए हैं आज मैं भरतनाट्यम की कक्षा में भी नहीं जाऊंगी सर को बता देना और इतना सुनकर कि सहेलियां वहां से चलेगी मैंने अपनी बहन से बोला सरोजा मेरे बैग में कुछ फल और फूल है और कुछ चूड़ियां भी है मैं अपनी हैसियत के हिसाब से ही तुम्हारे लिए चूड़ियां लेकर आया हूं पर यह याद रखना यह सब सामान तुम्हारे पिता के घर से आए हैं पिताजी ने कहा अच्छा कहकर उनकी बहन रसोई में चली गई उनके जाते ही मीनाक्षी मेरे पिताजी के पास आकर बैठी और बोली और क्या खबर है मामा मैं तुमसे बस या के बारे में बसाया के बारे में पूछना चाहती थी मीनाक्षी के इस सवाल को सुनकर मेरे पिताजी परेशान हो गए मेरे पिताजी एक बहुत ही स्थिर और ठहरे हुए स्वभाव के व्यक्ति हैं वह इतने परेशान तो मेरी माता जी की मृत्यु पर भी नहीं हुए यह सुनकर वह एकदम परेशान हो गए मेरे पिताजी मीनाक्षी में अपनी बहू को देखते थे इस तरह का सवाल सुनकर मैं घबरा गए और उनकी आंखें भरने की वाली थी पर उन्होंने खुद को संभाल लिया मीनाक्षी बोली मावा क्या हुआ मैंने तो सिर्फ बताया कि बारे में ही पूछा है यह सब सवाल सुनकर पिताजी वहां और नहीं बैठना चाहते थे और वह बोले अब मैं चलता हूं मेरी ड्रामा कंपनी के मालिक आज रात को ही वापस जा रहे हैं और मुझे चलना चाहिए यह कहकर पिताजी ने अपनी चप्पल पहनी और वहां से चले पिताजी का इस तरह अचानक चले जाने पर उनकी बहन और मीनाक्षी एक दूसरे को देख कर सोचने लगे यह क्या हुआ और हैरान है पहुंची इतने में कुछ लड़कियां मीनाक्षी को ढूंढती हुई वहां आ पहुंचे और बोली आंटी मीनाक्षी घर पर है प्लीज उराको बोलो कि वह हमारे साथ आ जाए मेरी बहन ने कहा तुम थोड़ा इंतजार करो वो तैयार हो रही है इतने में मीनाक्षी बाहर आकर बोली आज मैं तुम्हारे साथ पढ़ने के लिए नहीं आऊंगी क्योंकि मेरे मामा बहुत समय के बाद हमारे घर आए हैं आज मैं भरतनाट्यम की कक्षा में भी नहीं जाऊंगी सर को बता देना और इतना सुनकर कि सहेलियां वहां से चलेगी मैंने अपनी बहन से बोला सरोजा मेरे बैग में कुछ फल और फूल है और कुछ चूड़ियां भी है मैं अपनी हैसियत के हिसाब से ही तुम्हारे लिए चूड़ियां लेकर आया हूं पर यह याद रखना यह सब सामान तुम्हारे पिता के घर से आए हैं पिताजी ने कहा अच्छा कहकर उनकी बहन रसोई में चली गई उनके जाते ही मीनाक्षी मेरे पिताजी के पास आकर बैठी और बोली और क्या खबर है मामा मैं तुमसे बस या के बारे में बसाया के बारे में पूछना

चाहती थी मीनाक्षी के इस सवाल को सुनकर मेरे पिताजी परेशान हो गए मेरे पिताजी एक बहुत ही स्थिर और ठहरे हुए स्वभाव के व्यक्ति हैं वह इतने परेशान तो मेरी माता जी की मृत्यु पर भी नहीं हुए यह सुनकर वह एकदम परेशान हो गए मेरे पिताजी मीनाक्षी में अपनी बहू को देखते थे इस तरह का सवाल सुनकर मैं घबरा गए और उनकी आंखें भरने की वाली थी पर उन्होंने खुद को संभाल लिया मीनाक्षी बोली मावा क्या हुआ मैंने तो सिर्फ बताया कि बारे में ही पूछा है यह सब सवाल सुनकर पिताजी वहां और नहीं बैठना चाहते थे और वह बोले अब मैं चलता हूं मेरी ड्रामा कंपनी के मालिक आज रात को ही वापस जा रहे हैं और मुझे चलना चाहिए यह कहकर पिताजी ने अपनी चप्पल पहनी और वहां से चले पिताजी का इस तरह अचानक चले जाने पर उनकी बहन और मीनाक्षी एक दूसरे को देख कर सोचने लगे यह क्या हुआ और हैरान है और बोली आंटी मीनाक्षी घर पर है प्लीज उसको बोलो कि वह हमारे साथ आ जाए मेरी बहन ने कहा तुम थोड़ा इंतजार करो वो तैयार हो रही है इतने में मीनाक्षी बाहर आकर बोली आज मैं तुम्हारे साथ पढ़ने के लिए नहीं आऊंगी क्योंकि मेरे मामा बहुत समय के बाद हमारे घर आए हैं आज मैं भरतनाट्यम की कक्षा में भी नहीं जाऊंगी सर इतने में कुछ लड़कियां मीनाक्षी को ढूंढती हुई वहां आ पहुंचे और बोली आंटी मीनाक्षी घर पर है प्लीज उसको बोलो कि वह हमारे साथ आ जाए मेरी बहन ने कहा तुम थोड़ा इंतजार करो वो तैयार हो रही है इतने में मीनाक्षी बाहर आकर बोली आज मैं तुम्हारे साथ पढ़ने के लिए नहीं आऊंगी क्योंकि मेरे मामा बहुत समय के बाद हमारे घर आए हैं आज मैं भरतनाट्यम की कक्षा में भी नहीं जाऊंगी सर को बता देना और इतना सुनकर कि सहेलियां वहां से चलेगी मैंने अपनी बहन से बोला सरोजा मेरे बैग में कुछ फल और फूल है और कुछ चूड़ियां भी है मैं अपनी हैसियत के हिसाब से ही तुम्हारे लिए चूड़ियां लेकर आया हूं पर यह याद रखना यह सब सामान तुम्हारे पिता के घर से आए हैं पिताजी ने कहा अच्छा कहकर उनकी बहन रसोई में चली गई उनके जाते ही मीनाक्षी मेरे पिताजी के पास आकर बैठी और बोली और क्या खबर है मामा मैं तुमसे बस या के बारे में बसाया के बारे में पूछना चाहती थी मीनाक्षी के इस सवाल को सुनकर मेरे पिताजी परेशान हो गए मेरे पिताजी एक बहुत ही स्थिर और ठहरे हुए स्वभाव के व्यक्ति हैं वह इतने परेशान तो मेरी माता जी की मृत्यु पर भी नहीं हुए यह सुनकर वह एकदम परेशान हो गए मेरे पिताजी मीनाक्षी में अपनी बहू को देखते थे इस तरह का सवाल सुनकर मैं घबरा गए और उनकी आंखें भरने की वाली थी पर उन्होंने खुद को संभाल लिया मीनाक्षी बोली मावा क्या हुआ मैंने तो सिर्फ बताया कि बारे में ही पूछा है यह सब सवाल सुनकर पिताजी वहां और नहीं बैठना चाहते थे और वह बोले अब मैं चलता हूं मेरी ड्रामा कंपनी के मालिक आज रात को ही वापस जा रहे हैं और मुझे चलना चाहिए यह कहकर पिताजी ने अपनी चप्पल पहनी और वहां से चले पिताजी का इस तरह अचानक चले जाने पर उनकी बहन और मीनाक्षी एक दूसरे को देख कर सोचने लगे यह क्या हुआ और हैरान थी

***

किसी कारणवश आज मैं बहुत अधिक उत्साहित था मुझे कारण तो नहीं पता पर एक अलग किस्म का उत्साह और जोश आज मेरे चेहरे पर भी दिखाई दे रहा था 1 सीना ने भी यही कहा1, गांव से आने के बाद मेरे पास भीख मांगने के अलावा और कोई विकल्प नहीं था मेरे पास सोने के लिए भी जगह नहीं थी पर भगवान की कृपा से मैं मुंबई जैसे शहर में पहुंच गया और इस दुकान में मुझे नौकरी भी मिल गई नौकरी ही नहीं मेरा मालिक भी एक अच्छा और हम नरम दिल इंसान था1 सीना जैसा दोस्त मुझे मिल गया था जो हर मुसीबत में हर सुख दुख में मेरा साथ देता था1 और सबसे बड़ी बात मेरे दिल की सबसे बड़ी खुशी स्विमिंग जो मुझे हफ्ते में एक दिन करने का मौका मिलता था 1 सीना की मदद के बिना मैं यह सब नहीं कर सकता था अगर मैं सीना से नहीं मिलता तो मैं अपने मां के साथ की पूजा भी नहीं कर सकता था मेरी मां हमारे परिवार की रीड की हड्डी की तरह थी जैसे नंदनवन होता1 है और जब से सौतेली मां मेरे घर आई है हमारा घर एक नरक जैसा हो गया है एक भी दिन ऐसा नहीं गुजरता था जब मेरी सौतेली मां से मुझे म1रि या डांट ना पढ़ती हो1 एक बार तो उसने गर्म तवे से मेरा हाथ भी जला दिया था1 उसने सोचा कि शायद मुझे सबक सिखा देगी और उसी कारण उसी दुख के कारण मुझे घर छोड़कर ट्रेन लेकर मुंबई आना पड़ा1 मेरी मां ने मुझे सिखाया था कि सपने में भी कभी किसी का बुरा मत करो और यही बात हर समय मेरे कानों में गूंजती रहती थी और मैं यह सोचता तो क्या सौतेली मां जो मेरे साथ करती है क्या वह सही है1? और मैं अक्सर यह सोचता कि मुझे पुलिस की नौकरी कर लेना चाहिए और सौतेली मां को डंडे से मारना चाहिए या तो मुझे आर्मी की नौकरी कर लेनी चाहिए1 सीना जोर से चिल्लाकर बोला " बसया सामान आ गया है", यह सुनकर मैं उसकी ओर चल पड़ा1 एक ट्रक आकर दुकान के बाहर रुक गया1 मेरा काम था कि ट्रक के ऊपर से सारे क्रेट निकालकर पास के गोदाम में सहज तरीके से लगाना1 उन्हें अलग अलग करके सही तरीके से सजा के रखना मेरा काम1 था11 सीना जोर से चिल्लाकर बोला "बसया सामान आ गया है", यह सुनकर मैं उसकी ओर चल पड़ा एक ट्रक आकर दुकान के बाहर रुक गया मेरी मेरा काम था कि ट्रक के ऊपर से सारे क्रेट निकालकर पास के गोदाम में सहज तरीके से लगाना 1 उन्हें अलग अलग करके सही तरीके से सजा के रखना मेरा काम था 1 सोडा कि क्रेट एक जगह ठंडे कोका कोला कि क्रेट एक जगह, पानी की बोतले अलग जगह 1 हर बुधवार को इन क्रेट को सही जगह पर लगाने का काम मैं करता था 1 मुझसे पहले एक पंजाबी लड़का यह काम किया करता था और जब वह छुट्टी गया तो यह काम मुझे दे दिया गया1 मुझे यह काम करना अच्छी तरह आता था मैं समझ गया था कि क्या करना है वह पंजाबी लड़का गलत तरीके से क्रेटों को इधर-उधर लगा देता था जहां भी उसका दिल चाहता और मैं उन्हें सही तरीके से सजाकर लगाता था वैसे भी बुधवार को बहुत अधिक काम नहीं होता था इसीलिए 2 घंटे लगाकर मैं कोका कोला, पानी, सोडा ,शराब की बोतलें अलग अलग करके उसे तरीके से गोदाम में सजा देता था1 मैंने उनके ऊपर नामचीन भी लगा दिए थे ताकि पहचाना जा सके कि किस क्रेट में क्या है मेरी मेहनत से मैंने उस गोदाम को साफ-सुथरा किया और टूटी बोतलें बाहर फेंक कर उसे एक

नया रूप दे दिया। पहले स्टोर रूम बहुत भरा हुआ और गंदा लगता था क्योंकि पंजाबी लड़का जहां चाहे वहां बोतल फेंक देता था मैंने जब उनकी सफाई करी उसके बाद गोदाम देखने में काफी बड़ा था और वहां पर अन्य चीजों को संभाल कर रखने की जगह भी बन गई थी। इसके अलावा क्या समान खर्च हो रहा है और क्या नया खरीदा जा रहा है इसका हिसाब भी में रखा था मेरी मुझसे पूछे बिना गोदाम का कोई भी सामान बाहर नहीं ले जाया जा सकता था। पंजाबी लड़का भी यही काम करता था पर वह नकली हिसाब किताब बनाकर पैसे बना रहा था। " राम का हिसाब राम जाने कृष्ण का हिसाब कृष्ण जाने ",जब से मैंने काम संभाला उस लड़के पंजाबी लड़के की चालाकी से पैसे बनाने की तरकीब बंद हो गई पंजाबी लड़का मुझसे बहुत नाराज भी था और उसने यह नौकरी छोड़कर किसी होटल में नौकरी कर ली थी। सब सामान गोदाम में अच्छी तरह लगाकर सफाई करके कॉकरोच को मारने वाली दवा छिड़क कर सामान की दुबारा से गिनती करके मैंने गोदाम को ताला लगा दिया और चाबी मालिक को दे दी और चैन की सांस ली। शाम होते ही दुकान में धीरे-धीरे ग्राहकों की भीड़ बढ़ने लगी। दुकान में एक बंगाली लड़का काम करता था जिसकी आज तबीयत ठीक नहीं थी इसलिए वह ड्यूटी पर नहीं आया जिसकी वजह से काम थोड़ा सा बढ़ गया था। हम 12.00 तक ही अपना काम पूरा कर पाए काम पूरा करने के बाद मैंने दो रोटी दाल और थोड़ी सी दही चावल खाए और कुछ सुकून महसूस1 किया पूरी रात मेरे दिमाग में एक ख्याल चलता रहा जिसकी वजह से मैं सो नहीं पाया मैं सोचता रहा और सपना लेता रहा कि मैं एक पुलिस वाला हूं और मेरे सामने मेरी सौतेली मां खड़ी है हाथ जोड़कर इतने में मुझे सीना की आवाज सुनाई दी "क्या हुआ नींद नहीं आ रही? 1 बिना कोई जवाब दिए मैं आसमान की ओर ताकता रहा जब भी मैं मां को सानिया को और थीम्मा को याद करता मैं सिर्फ आसमान की तरफ देखता रहता। अगर बारिश पड़ती तब भी मैं पानी की टंकी के नीचे जाकर चरण ले लेता पर कमरे में वापस नहीं आता आसमान की ओर देखने से ने से मुझे सुकून महसूस होता , काली गहरी रात में चमकता हुआ चांद चारों रोशनी दिखाता है और उस चांद के आसपास हजारों तारे और अगर यह बात सच है कि मरने वाले लोग सितारे बन जाते हैं तो जरूर इन हजारों तारों में से एक तारा मेरी मां भी होगी कभी-कभी मेरी मां मुझे सुबह 4:00 बजे उठा कर ध्रुव तारा दिखाया करती थी। मैंने अपनी मां स सितारों की कहानी हजारों बार सुनी थी जब मैं बच्चा था पहले तो सिर्फ मुझे चांद तारे और आसमान की दुनिया का ही पता था पर अब ऐसा नहीं है अब मैं बड़ा हो गया हूं और मैंने काफी दुनिया भी देख ली है। मैंने अलग अलग संस्कृति और भाषा बोलने वाले लोगों से दोस्ती की और पहचान बढ़ाएं थी। मेरे आज के हालात मेरे बचपन के जीवन में बहुत अधिक अंतर था हालांकि रात को चांद बहुत सुंदर चमक रहा था पर मुझे ज्ञान है कि चांद की अपनी रोशनी नहीं होती वह सूरज की रोशनी लेता है पूरा दिन और रात को उसी रोशनी को बाहर फेकता है जिसकी वजह से वह चमकता है पर यह तारे सूरज से काफी बड़े होते हैं आकार में, और सूरज से करोड़ों मिलो की दूरी पर होते हैं और अगर कभी यह तारे धरती के पास आ जाए जैसे सूरज आता है तो उनकी रोशनी की चकाचौंध से धरती

जलने लगेगी। यह सोचते सोचते हैं मैं सोचने लगा कि भगवान कितना महान है कितने तरह के जीव जंतु बनाए हैं। कुछ पानी में रहते हैं ,कुछ धरती पर रहते हैं ,धरती पर चलते हैं ,और कई तो आसमान में उड़ते हैं। कहा जाता है भगवान की कोई भी दो कृतियां एक समान नहीं है आसमान की सुंदरता तारों और चांद को की व्याख्या करना किसी की भी बस की बात नहीं है। कितनी बार रात को छत पर ऐसे तारे गिनते गिनते मैं सो गया। मुझे कमरे में ना देख कर सीना मुझे ढूंढता हुआ था उसक पता होता था कि मैं कहां हूं , मैं तारों की गिनती करते-करते सो गया। पानी की टंकी के पास बैठकर सीना मुझसे पूछने लगा क्या "?हुआ नींद क्यों नहीं आ रही क्या तुम्हारे सिर में दर्द है?" उसने एक सिगरेट जलाई थी सीना कभी-कभी सिगरेट पीता था हालांकि उसको रोज सिगरेट पीने की आदत नहीं थी। उसने मुझसे पूछा "आज क्या कुछ खास बात है आसमान की ओर तक रहे हो", तो मैंने जवाब दे "नहीं कोई खास बात नहीं, ऐसे ही आ गया था छत पर पुराने दिनों को याद करने के लिए और कुछ खास नहीं", "अंदर बहुत गर्मी है इसलिए मुझे नींद नहीं आ रही" मैंने भी पूछा क्या "तुम्हें भी नींद नहीं आ रही"? सीना बोला" नहीं" ,"आज मेरी शादी की सालगिरह है हर साल इस दिन मैं गांव जाकर अपनी पत्नी से मिलकर आता हूं और पिछले 3 साल से मैं अपनी पत्नी से मिलने नहीं जा पाया इसीलिए आज थोड़ा दुखी हूं", वैसे मुझे नहीं पता था कि सीना एक शादीशुदा व्यक्ति है मैंने उसे अपने बारे में सब कुछ बताया पर उससे उसके जीवन के बारे में कभी कुछ नहीं पूछा, उसकी परेशानियों के बारे में भी कभी कुछ नहीं पूछा, मुझे सिर्फ यह पता था कि मांड्या नाम की गांव के पास रहता है मुझे अपने ऊपर ग्लानि महसूस हुई जब मुझे यह ख्याल आया कि मैं कितना मतलबी हूं कि अपना सब कुछ सीना को बता दिया परेशानियां भी बता दी पर उससे कभी नहीं पूछा कि, दोस्त क्या तू भी परेशान है ?मेरी खामोशी को देखकर मैं बोला मेरा घर मांड्या नाम के एक गांव के पास है मेरे पिता का नाम नारायणगुड़ा है मेरी माता का नाम राजेश्वरी। हमारे 7 एकड़ के गन्ने के खेत हैं मेरे पर दादाजी ने गांव में घर बनाया था और मैं अपने परिवार में सबसे छोटा हूं मेरा एक बड़ा भाई है जिसकी शादी मुदुर के पास रहने वाली एक लड़की से हुई है और शादी के बाद ही मेरी भाभी ने हमारे साथ दूर व्यवहार करना शुरू कर दिया था। ऐसा लगता था वह मेरे भाई के साथ शादी करके खुश नहीं थी अक्सर कहती" काश मेरी शादी बैंगलोर में रहने वाले किसी लड़के से हुए होती मेरे पिताजी ने (भाभी के पिता ने) उन्हें इस छोटे से गांव में लाकर पटक दिया है", शादी के कुछ दिनों के बाद ही मेरी मां किसी बीमारी के कारण मृत्यु हो गई और 6, 7 महीने बाद मेरे पिताजी को लकवा मार गया उनकी दाहिनी तरफ पूरी तरह से लकवा से ग्रसित है जब बोलते हैं तो ठीक तरह से नहीं बोल पाते और हमें भी समझना मुश्किल होता है क्यों क्या कह रहे हैं। मेरे पिताजी को मेरी शादी की बहुत जल्दी थी मैं सोचते थे कि उनके मरने से पहले मेरी भी शादी हो जाए मैं सिर्फ 20 वर्ष का था जब मेरी शादी हुई मेरा भाई मुझ से 2 साल बड़ा है और हमारी एक छोटी बहन भी थी जो मेरे पैदा होने के 3 साल बाद पैदा हुई मैं उससे बहुत प्यार करता था पर मैं केवल 2 साल की थी जी जब किसी बीमारी के कारण उसकी मृत्यु हो गई। मेरे पिताजी

और मेरे भाई ने रामनगर की एक लड़की मेरे लिए ढूंढो और दोनों देवरानी जेठानी के बीच में लड़ाई झगड़े शुरू हो गए तो मैंने अपनी पत्नी को समझाया कि चाहे भाभी कुछ भी बोलो कितना भी क्यों ना कहे तुम सिर्फ चुप रहना कुछ बोलना नहीं। रात को सोते समय वह रोज रोती और वह बोलती अक्का मुझे यह कहा। कुछ दिन बाद मेरी पत्नी गर्भवती हो गई मैंने सोचा उसे उसकी मां के घर भेज देना चाहिए। मेरी पत्नी का हमारे घर में आना शुभ आगमन था हमारी 7 एकड़ की उपजाऊ जमीन पर जो केस चल रहा था मैं हमारे हक में हुआ। मेरे बड़े भाई की शादी को अब तक 3 साल हो चुके थे पर अभी तक मेरी भाभी गर्भवती नहीं हुई थी और और इधर मेरी पत्नी हमारी शादी के कुछ दिन बाद ही गर्भवती हो गई, सब सोचते थे गांव में क्या है भाभी के साथ क्या मुश्किल है गांव के लोग आपस में बात करते हो सकता है बड़ी बहू यानी मेरी भाभी के साथ जरूर कोई बीमारी है या कोई ऐसी परेशानी है जिसकी वजह से वह मां नहीं बन सकती यह सब सुनकर और देखकर मेरी भाभी मेरे पिता मेरे पति और मेरे साथ और भी दुर्व्यवहार करने लगी थी। और उधर मेरे पिता की सेहत में भी कोई खास सुधार नहीं नजर आता था एक दिन मेरी पत्नी फिसल कर गांव के कुएं में गिर गई कोई नहीं जानता कि वह स्वयं गिरी या किसी ने उसे धक्का दिया। जब हम हम उसका अंतिम संस्कार करके घर लौटे तो सब कुछ सुना सुना लगता था और मेरी बदकिस्मती देखो मैं किसी को दोष भी नहीं दे सकता था मैं हर समय अपनी पत्नी के बारे में ही सोचता रहता है मेरी भाभी मुझे डांट ही रहती हर छोटी छोटी बात पर पर मैं उसकी बात को अनसुना कर के खेतों में चला जाता पिताजी बिचारे सब कुछ जानते हुए भी असहाय बिस्तर में पड़े रहते। कई बारे में सोचता कि मैं चला जाऊंगा किसी ट्रेन के नीचे कूदकर मर जाऊं पर मैं घर में बना रहा केवल अपने पिताजी की सेहत का ध्यान रखने के लिए और मुझे अपने परिवार और अपने घर से अलगाव महसूस होने लगा था।

***

धीरे-धीरे मेरे अंतर्मन से मेरे परिवार के प्रति मेरा प्रेम और इज्जत खत्म होती जा रही थी अब पिताजी की देखभाल की जिम्मेदारी पूरी तरह मेरे कंधों पर आ गई। और आखिरकार उघडी त्यौहार के 3 साल पहले पिताजी चल बसे अब मैं अपने ही घर में एक अनाथ बन गया था। कुछ दिनों तक तो मुझे कुछ समझ नहीं आया कि मैं क्या करूं? कैसे जियूं? मैं एक जिंदा लाश की तरह इधर-उधर भटकता रहा मुझे ना खाने में स्वाद आता था मुझे हर समय अपनी सुंदर पत्नी और उसके पेट में मेरे बच्चे की तस्वीर घूमती रहती थी। एक बार मेरे मामा हमारे घर हम से मिलने के लिए आए मेरे मामा जी भी बहुत बहुत छोटी उम्र में मुंबई आ गए थे और उन्होंने पान की दुकान खोलकर आजीवन मुंबई में रहने का ही फैसला किया। जैसे ही उनको देखा मैं अपने आंसू नहीं रोक पाया जो कुछ भी हुआ मेरे साथ पिछले सालों में मैंने उन्हें सब बताया तो मामा जी ने सुझाव दिया ठीक है अब हम जमीन जायदाद का बंटवारा कर देते हैं और तुम्हें तुम्हारे हिस्सा दे देते है और कल पंचायत सभा बुलाते हैं। मुझे जमीन जायदाद की जरा भी चिंता नहीं थी पर अब मेरे मन में और मेरे मस्तिष्क में इस गांव में और अधिक

रहने की हिम्मत नहीं थी और ना ही मैं दोबारा शादी करना चाहता था मैंने अपने मामा को यह सब बातें समझा दी मेरे मामा मुझे मुंबई ले आए और 3-4 साल पहले मेरे मामा मुझे यहां ले आए और इस होटल में मुझे नौकरी दिलवा दे पुराना होटल छोड़ कर मैंने यहां नौकरी पकड़ ली और तब से मैं ही काम कर रहा हूं और यही मेरा घर है और अपने घर को याद करके मैं उदास होता हूं पर चैन से सो भी जाता हूं कि अब मैं एक अच्छी जगह में हूं मुंबई के लोग इतने भी बुरे नहीं है जैसा हमारे गांव में सोचते हैं बस फर्क है कि यहां के लोग अपने काम में व्यस्त रहते हैं मैं कभी-कभी पिक्चर देखने चला जाता हूं और तब भी अगर मेरा मन दुखी है या उदास है तो मैं समुद्र के किनारे चला जाता हूं और 1 या 2 महीने में मैं "रेड लाइट" एरिया भी चला जाता हूं उससे मुझे शांति मिलती है मुझे जरा भी अंदाजा नहीं था कि हर समय हंसने और मुस्कुराने वाले सीना के अंदर इतना दुख भरा है ,उसका दुख देखकर मैंने अपने आप को शांत ना धीरे-धीरे मेरे अंतर्मन से मेरे परिवार के प्रति मेरा प्रेम और इज्जत खत्म होती जा रही थी अब पिताजी की देखभाल की जिम्मेदारी पूरी तरह मेरे कंधों पर आ गई और आखिरकार उघडी गाड़ी त्यौहार के 3 साल पहले पिताजी चल बसे अब मैं अपने ही घर में एक अनाथ बन गया था कुछ दिनों तक तो मुझे कुछ समझ नहीं आया कि मैं क्या करूं कैसे जियूं मैं एक जिंदा लाश की तरह इधर-उधर भटकता रहा मुझे ना खाने में स्वाद आता था मुझे हर समय अपनी सुंदर पत्नी और उसके पेट में मेरे बच्चे की तस्वीर घूमती रहती थी एक बार मेरे मामा हमारे घर हम से मिलने के लिए आए मेरे मामा जी भी बहुत या जवान बहुत छोटी उम्र में मुंबई आ गए थे और उन्होंने पान की दुकान खोलकर आजीवन मुंबई में रहने का ही फैसला किया उनको देख जैसे ही उनको देखा मैं अपने आंसू नहीं रोक पाया जो कुछ भी हुआ मेरे साथ पिछले सालों में मैंने उन्हें सब बताया तो मामा जी ने सुझाव दिया ठीक है अब हम जमीन जायदाद का बंटवारा कर देते हैं और तुम्हें तुम्हारे हिस्सा दे देते है और कल पंचायत सभा बुलाते हैं मुझे जमीन जायदाद की जरा भी चिंता नहीं थी पर अब मेरे मन में और मेरे मस्तिष्क में इस गांव में और अधिक रहने की हिम्मत नहीं थी और ना ही मैं दोबारा शादी करना चाहता था मैंने अपने मामा को यह सब बातें समझा दी मेरे मामा मुझे आप मुंबई ले आए और इस होटल में मुझे नौकरी दिलवा दी तीन-चार साल पहले मेरे मामा मुझे यहां ले आए और इस होटल में मुझे नौकरी दिलवा दे पुराना होटल छोड़ कर मैंने यहां नौकरी पकड़ ली और तब से मैं ही काम कर रहा हूं और यही मेरा घर है और अपने घर को याद करके मैं उदास होता हूं पर चैन से सो भी जाता हूं कि अब मैं एक अच्छी जगह में हूं मुंबई के लोग इतने भी बुरे नहीं है जैसा हमारे गांव में सोचते हैं बस फर्क है कि यहां के लोग अपने काम में व्यस्त रहते हैं मैं कभी-कभी पिक्चर देखने चला जाता हूं और तब भी अगर मेरा मन दुखी है या उदास है तो मैं समुद्र के किनारे चला जाता हूं और एक या 2 महीने में मैं रेड लाइट एरिया भी चला जाता हूं उससे मुझे शांति मिलती है मुझे जरा भी अंदाजा नहीं था कि हर समय हंसने और मुस्कुराने वाले सीना के अंदर इतना दुख भरा है उसका दुख देखकर मैंने अपने आप को सांत्वना देता और बोला इसके दुख के सामने तो मेरा दुख कुछ भी नहीं है

बहुत से लोग हैं जो दिन-रात हर समय दुख और परेशानी में समय बिताते हैं और यह सीना हर समय अपना दुख छुपा कर खुश और जोशीला इंसान नजर आता है। यह एक बहुत ही काबिले तारीफ बात है। यह सब बताते हुए जब सीना ने अपनी सिगरेट जलाई वह तब भी एक जोशीला नौजवान नजर आ रहा था। उसका मुस्कुराता चेहरा बहुत ही आकर्षक था और उसकी सबसे बड़ी ताकत थी। जब सीना अपनी कहानी बता रहा था तो मुझे लगा कि मेरी सौतेली मां उसी कहानी में उसकी भाभी बनकर आ गई है जो भी हो सीना मुझ से कहीं अधिक दुख देख चला है जीवन में इतना देख दुख देखने के बाद भी उसने कभी भी अपनी भाभी के प्रति नफरत या गुस्सा नहीं दिखाया। सीना अपने भाग्य को दोषी मानकर स्वयं को सांत्वना दे देता था और एक तरफ मैं हूं जो हर समय अपनी सौतेली मां के लिए मन में गुस्सा और नफरत रखता हूं यह भाग्य का खेल है सुख और दुख भगवान के रचाए हुए खेल में भगवान ने सौतेली मां को यह अभिनय करने का पात्र दिया है बस, इससे ज्यादा यह कुछ नहीं है उसने अपना पात्र निभाया और मैं मन में उनके प्रति घृणा रखकर अपने पात्र को छोटा कर रहा हूं मैंने सोचा चलो मुझे अभी सब भूल जाना चाहिए। इस सब के बावजूद भी मैंने आर्मी में नौकरी करने के अपने सपने को खत्म नहीं किया बात करते-करते मुझे ख्याल आया कि सीना रेड लाइट एरिया के बारे में बताया था और मैं नहीं जानता था यह क्या होता है तो मैंने उससे पूछा यह क्या है? और कहां है क्या खास है इस बात के बारे में? और मेरी तरफ देख कर जोर से हंसने लग गया यह बताने वाली बात नहीं है अगली बार जब मैं जाऊंगा मैं तुम्हें भी अपने साथ ले चलूंगा तुम देखना कि क्या खास है, कहकर उसने मेरी तरफ आंख मारे और नीचे चला गया मैं तारे देखता रहा और मुझे पता ही नहीं चला मैं कब सो गया। इसी दौरान मुंबई म्युनिसिपल कॉर्पोरेशन ने चुनाव का ऐलान कर दिया और कुछ नियम और कानून लागू कर दिए। अब पुलिस का अधिकतर ध्यान शराब की दुकानों और होटलों पर था अब रात के 11:00- 11:30 से पहले हमारे पास करने के लिए कोई काम नहीं होता था कोई ग्राहक नहीं आता था और शराब की दुकान 10:00 बजे बंद कर दी जाती थी हालांकि हमारे रोज के ग्राहक पीछे के दरवाजे से आकर 10:00 बजे अपने लिए शराब खरीदकर ले जाते थे और अब इन दिनों 10:30 बजे ही मेरा काम समाप्त हो जाता था। जिसे पूरा करके मैं ऊपर छत पर सोने के लिए चला जाता था। पुराने दिनों में हमें रात के 10:00 बजे तक सांस लेने की फुर्सत नहीं मिलती थी। रोज रोज चुनावी कार्यवाही के बारे में सुन सुन कर मैं बोर हो गया था कि यह पार्टी जीतेगी अब वह पार्टी जीतेगी? हमारे होटल के हॉल में टीवी चलता रहता था। सारा दिन टीवी चलता रहता था और वह मराठी कार्यक्रम प्रस्तुत करते रहते थे दिनभर चुनाव को लेकर बातें, बहस और लड़ाइयां सुनने को मिलती थी कभी-कभी तो यह लड़ाइयां और बहस मार- पिटाई में भी बदल जाती थी। मुझे मराठी समझ नहीं आती थी और हिंदी तो बिल्कुल ही समझ नहीं आती थी इसीलिए मेरे मालिक ने मुझे सामान पहुंचाने का काम करने के लिए मना कर दिया उसने कहा तुम सिर्फ रसोई में खाना बनाओ। एक नया मराठी लड़का उन्होंने इस काम के लिए रखा जो मेरी जगह सामान लोगों तक पहुंचाता था हालांकि मैंने अभी तक

जीवन में कभी मांस मच्छी नहीं खाई थी पर मुझे उनकी खुशबू की आदत पड़ गई थी हमारे गांव के बड़े बुजुर्ग कहते थे कि हमें मांस मच्छी नहीं खानी चाहिए पर असलियत में लाखों लोग इसे खाना पसंद करते थे और अगर लोग मांस मच्छी खाना बंद कर दें तब भी हमारे देश में चावल और रसम की पैदावार की कभी कमी नहीं होगी क्योंकि हमारे खेतों में अधिक मात्रा में यह सब उगाया जाता है ज्यादा से ज्यादा उपज बढ़ानी पड़ेगी और यह एक तरीका है भगवान का पता ही नहीं चला कब सो गया इसी दौरान मुंबई म्युनिसिपल कॉर्पोरेशन ने चुनाव का ऐलान कर दिया और कुछ नियम और कानून लागू कर दिए और अब पुलिस का अधिकतर ध्यान शराब की दुकानों और होटलों पर था अब रात के 11:00 11:30 से पहले हमारे पास करने के लिए कोई काम नहीं होता था कोई ग्राहक नहीं आता था और शराब की दुकान 10:00 बजे बंद कर दी जाती थी हालांकि हमारे रोज के ग्राहक पीछे के दरवाजे से आकर 10:00 बजे अपने लिए शराब खरीदकर ले जाते थे और अब इन दिनों 10:30 बजे ही मेरा काम समाप्त हो जाता था जिसे पूरा करके मैं ऊपर छत पर सोने के लिए चला जाता था पुराने दिनों में हमें रात के 10:00 बजे तक सांस लेने की फुर्सत नहीं मिलती थी रोज रोज चुनावी कार्यवाही के बारे में सुन सुन कर मैं बोर हो गया था कि यह पार्टी जीतेगी अब वह पार्टी जीतेगी हमारे होटल के हॉल में टीवी चलता रहता था सारा दिन सारा दिन टीवी चलता रहता था और वह मराठी कार्यक्रम प्रस्तुत करते रहते थे दिनभर चुनाव को लेकर बातें बहस और लड़ाइयां सुनने को मिलती थी कभी-कभी तो यह लड़ाइयां और बहस मार पिटाई में भी बदल जाती थी पहले मुझे मराठी समझ नहीं आती थी और हिंदी तो बिल्कुल ही समझ नहीं आती थी इसीलिए मेरे मालिक ने मुझे सामान पहुंचाने का काम ना करने के लिए मना कर दिया उसने कहा तुम सिर्फ रसोई में खाना बनाओ एक नया मराठी लड़का उन्होंने इस काम के लिए रखा जो मेरी जगह समान लोगों तक पहुंचाता था हालांकि मैंने अभी तक जीवन में कभी चिकन मांस मच्छी नहीं खाई थी पर मुझे उनकी गंद की आदत पड़ गई थी खुशबू की आदत पड़ गई थी हमारे गांव के बड़े बुजुर्ग कहते थे कि हमें मांस मच्छी नहीं खानी चाहिए पर असलियत में लाखों लोग इसे खाना पसंद करते थे और अगर लोग मांस मच्छी खाना बंद कर दें तब भी हमारे देश में चावल और रसम की पैदावार रसम की कभी कमी नहीं होगी क्योंकि हमारे खेतों में अधिक मात्रा में यह राब उगाया जाता है ज्यादा से ज्यादा उपचार उपज बढ़ानी पड़ेगी और यह एक तरीका है भगवान का पता ही नहीं चला कब सो गया इसी दौरान मुंबई म्युनिसिपल कॉर्पोरेशन ने चुनाव का ऐलान कर दिया और कुछ नियम और कानून लागू कर दिए और अब पुलिस का अधिकतर ध्यान शराब की दुकानों और होटलों पर था अब रात के 11:00 11:30 से पहले हमारे पास करने के लिए कोई काम नहीं होता था कोई ग्राहक नहीं आता था और शराब की दुकान 10:00 बजे बंद कर दी जाती थी हालांकि हमारे रोज के ग्राहक पीछे के दरवाजे से आकर 10:00 बजे अपने लिए शराब खरीदकर ले जाते थे और अब इन दिनों 10:30 बजे ही मेरा काम समाप्त हो जाता था जिसे पूरा करके मैं ऊपर छत पर सोने के लिए चला जाता था पुराने दिनों में हमें रात के 10:00 बजे तक सांस लेने की

फुर्सत नहीं मिलती थी रोज रोज चुनावी कार्यवाही के बारे में सुन सुन कर मैं बोर हो गया था कि यह पार्टी जीतेगी अब वह पार्टी जीतेगी हमारे होटल के हॉल में टीवी चलता रहता था सारा दिन सारा दिन टीवी चलता रहता था और वह मराठी कार्यक्रम प्रस्तुत करते रहते थे दिनभर चुनाव को लेकर बातें बहस और लड़ाइयां सुनने को मिलती थी कभी-कभी तो यह लड़ाइयां और बहस मार पिटाई में भी बदल जाती थी पहले मुझे मराठी समझ नहीं आती थी और हिंदी तो बिल्कुल ही समझ नहीं आती थी इसीलिए मेरे मालिक ने मुझे सामान पहुंचाने का काम ना करने के लिए मना कर दिया उसने कहा तुम सिर्फ रसोई में खाना बनाओ एक नया मराठी लड़का उन्होंने इस काम के लिए रखा जो मेरी जगह समान लोगों तक पहुंचाता था हालांकि मैंने अभी तक जीवन में कभी चिकन मांस मच्छी नहीं खाई थी पर मुझे उनकी गंद की आदत पड़ गई थी खुशबू की आदत पड़ गई थी हमारे गांव के बड़े बुजुर्ग कहते थे कि हमें मांस मच्छी नहीं खानी चाहिए पर असलियत में लाखों लोग इसे खाना पसंद करते थे और अगर लोग मांस मच्छी खाना बंद कर दें तब भी हमारे देश में चावल और रसम की पैदावार रसम की कभी कमी नहीं होगी क्योंकि हमारे खेतों में अधिक मात्रा में यह सब उगाया जाता है ज्यादा से ज्यादा उपचार उपज बढ़ानी पड़ेगी और यह एक तरीका है भगवान का पता ही नहीं चला कब सो गया इसी दौरान मुंबई म्युनिसिपल कॉर्पोरेशन ने चुनाव का ऐलान कर दिया और कुछ नियम और कानून लागू कर दिए और अब पुलिस का अधिकतर ध्यान शराब की दुकानों और होटलों पर था अब रात के 11:00 11:30 से पहले हमारे पास करने के लिए कोई काम नहीं होता था कोई ग्राहक नहीं आता था और शराब की दुकान 10:00 बजे बंद कर दी जाती थी हालांकि हमारे रोज के ग्राहक पीछे के दरवाजे से आकर 10:00 बजे अपने लिए शराब खरीदकर ले जाते थे और अब इन दिनों 10:30 बजे ही मेरा काम समाप्त हो जाता था जिसे पूरा करके मैं ऊपर छत पर सोने के लिए चला जाता था पुराने दिनों में हमें रात के 10:00 बजे तक सांस लेने की फुर्सत नहीं मिलती थी रोज रोज चुनावी कार्यवाही के बारे में सुन सुन कर मैं बोर हो गया था कि यह पार्टी जीतेगी अब वह पार्टी जीतेगी हमारे होटल के हॉल में टीवी चलता रहता था सारा दिन सारा दिन टीवी चलता रहता था और वह मराठी कार्यक्रम प्रस्तुत करते रहते थे दिनभर चुनाव को लेकर बातें बहस और लड़ाइयां सुनने को मिलती थी कभी-कभी तो यह लड़ाइयां और बहस मार पिटाई में भी बदल जाती थी पहले मुझे मराठी समझ नहीं आती थी और हिंदी तो बिल्कुल ही समझ नहीं आती थी इसीलिए मेरे मालिक ने मुझे सामान पहुंचाने का काम ना करने के लिए मना कर दिया उसने कहा तुम सिर्फ रसोई में खाना बनाओ एक नया मराठी लड़का उन्होंने इस काम के लिए रखा जो मेरी जगह समान लोगों तक पहुंचाता था हालांकि मैंने अभी तक जीवन में कभी चिकन मांस मच्छी नहीं खाई थी पर मुझे उनकी गंद की आदत पड़ गई थी खुशबू की आदत पड़ गई थी हमारे गांव के बड़े बुजुर्ग कहते थे कि हमें मांस मच्छी नहीं खानी चाहिए पर असलियत में लाखों लोग इसे खाना पसंद करते थे और अगर लोग मांस मच्छी खाना बंद कर दें तब भी हमारे देश में चावल और रसम की पैदावार रसम की कभी कमी नहीं होगी क्योंकि हमारे खेतों

में अधिक मात्रा में यह सब उगाया जाता है ज्यादा से ज्यादा उपचार उपज बढ़ानी पड़ेगी और यह एक तरीका है भगवान का धरती पर संतुलन बनाने का। जब मैं सामान घर घर पहुंचाने का काम करता था तो मैं दिन भर भागता रहता था मैं दिन भर हजारों लोगों से बात करता था , नया ऑर्डर नया बिल, नया पैसा, टिप्स, सिगरेट, लाइटर ,लेकर जाता था इस तरह हजारों काम थे मुझे दिनभर व्यस्त रखने के लिए पर आजकल कोई काम नहीं था। या तो मैं दिन भर टीवी देखता रहता या सीडी में बैठकर ग्राहकों का इंतजार करता और अब तो रसोई के काम में भी मुझे कोई दिलचस्पी नहीं रही ऐसा लगता था वही बर्तन है, वही तो वही खाना, रोज दिन भर एक काम बिना रुके बिना छुट्टी मिल जाए हम करते रहते स्टाफ रसोई में हम बात करने की कोशिश करते हैं पर क्या हम सुन सकते थे? तो एक तरह का अकेलापन मुझे फिर से महसूस होने लगा था, फिर से मुझे गांव याद आने लगा था और मुझे फिर महसूस होने लगा था कि मेरे जीवन जीने का कोई अर्थ नहीं है।, मैं सोचता था मुझे क्या करना चाहिए? मुझे क्या चाहिए अपने जीवन से? एक बात मैं जानता था कि मुझे भारतीय सेना जरूर काम करना चाहिए और इसके बारे में मुझे कुछ भी नहीं पता था और ऐसा लगता था कि सीना को भी भारतीय सेना में नौकरी करने से संबंधित कोई जानकारी नहीं थी मैं सोचने लगा मुझे किससे पूछना चाहिए इसके बारे? कपूर जी से, सेठ जी से, विक्रम भाई से,? यह सब बड़े उद्योगपति थे यह सब अपने उद्योग के बारे में ज्यादा जानते होंगे फिर मैं सोचने लगा अगर मैं उनसे भारतीय सेना के बारे में पूछ लूंगा तो क्या कहेंगे? फिर एक बार रात हुई मैं तारे देखते देखते सो गया।

4

"हाय ,आज इतने उदास क्यों हो ?तुम रोज की तरह नहीं दिख रहे? क्या अभी तक नींद पूरी नहीं ?हुई ठीक तो हो?" कहकर वह हंसने लगी, " ऐसा कुछ नहीं है, मैं सिर्फ बोर हो रहा हूं" मैंने उसे बताया। " अच्छा तो तुम्हारा दोस्त तुम्हारे साथ आजकल नजर क्यों नहीं आता? क्या तुम दोनों की लड़ाई हुई है? अक्सर एक लड़के और लड़की में ब्रेकअप होता है। सीना आजकल मेरे साथ स्विमिंग करने नहीं आता था और जब मैं पूछता कि तुम क्यों नहीं चल रहा" मैं क्यों कबाब में हड्डी बनो ",तकरीबन 2 महीने हो चुके थे और सीना मेरे साथ स्विमिंग करने नहीं आया था वह सिर्फ मेरे लिए आता था पहले सिर्फ मेरे लिए आता था स्विमिंग करने उसमें कोई दिलचस्पी नहीं थी और जब से मेरी इस लड़की से जान पहचान हो गई है और हम दोनों आपस में बात करने लगे हैं सीना ने आना बिल्कुल बंद कर दिया। हां जी 2 महीने हो चुके थे मेरी और शेफाली की दोस्ती को, यह कैसी दोस्ती थी जहां वह सिर्फ यह जानती थी कि मैं अच्छा स्विमर हूं वह मेरे बारे में, मेरे गांव के बारे, में मेरे परिवार, के बारे में कुछ भी नहीं जानती थी यह तो एक ऊपरी सतह की दोस्ती थी जहां हम सिर्फ एक दूसरे को हेलो और बाय-बाय करते थे। शायद 2 महीने पहले की बात ही सीना ने, मुझे दिखाया कि वह पैसे देने वाले काउंटर के पास खड़ी थी हमारी शराब में की दुकानें अपनी सहेलियों के साथ कि," देखो यह वही लड़की है", तो मैंने कहा मैं क्या करूं? यहां क्यों आई है? क्या यह तो घूमने आई है? नहीं नहीं लड़की नहीं जानती कि मैं यहां हूं अभी मैं दुकान में काम करता हूं, हमारी इतनी दोस्ती नहीं है कि मुझे ढूंढती हुई आ जाए जैसे ही शेफाली ने मुझे देखा बोली "अरे तुम यहां कैसे? तुम क्या करते हो?" तो मैंने उसे बताया मैं यहां काम करता हूं यह घर मेरा घर ही है। बोली "आज एक दोस्त के घर में दावत है और आज हिंदुस्तान और इंग्लैंड के बीच में क्रिकेट का मैच भी है तो हमने सोचा हम साथ बैठ कर देखेंगे और बीयर पिएंगे मैं अपने दोस्तों के लिए बीयर खरीदने आई हूं, चलो मिलते हैं फिर बात करेंगे" यह कहकर मेरी और मुस्कुराते हुए देखकर वहां से चली गई और मैं बोला," यह क्या है? हमारे गांव में तो लड़कियां चीनी और कॉफी पाउडर लेने दुकान में नहीं जाती लड़कों को भेजती हैं और मुंबई की लड़कियां शराब की बोतल खरीदने भी आ जाती है" सीना अंदर से बोला " बुद्धू गांव की नजर से दुनिया को मत देखा कर" यह कहकर चला गया।

मेरी ओर देखकर शेफाली बोली," हेलो तुम क्या सोच रहे हो?" उसकी तरफ देखते हुए मैंने जवाब दिया " कुछ सोच रहा हूं"," तो चलो चल कर बड़ा पाव खाते हैं", यह कहकर शेफाली ने स्कूटर शुरू किया और 10 मिनट के अंदर ही हम मनदीप सिंह वड़ापाव दुकान के पास खड़े थे समुद्र के किनारे। जब से हमारी दोस्ती हुई है तब से हफ्ते में एक 1 हम यहां बड़ा पाव खाने जरूर आते हैं यह हमारे दिनचर्या का एक भाग बन गया था। 1 हम हफ्ते में एक दिन वडापाव और साथ में अदरक वाली चाय पीने के लिए यहां जरूर आते थे। शिफाली की कन्नड़ भाषा भी धीरे-धीरे साफ और सटीक होते जा रही थी। थे हालांकि उसे पहले भी कन्नड़ आती थी पर अब और अधिक सफाई से कन्नड़ भाषा में बात करने लगी थी। जब हमारी नई नई दोस्ती हुई तो शिफाली मेरी कन्नड़ भाषा समझ जाती थी पर मैं उसकी हिंदी भाषा नहीं समझ पाता था पर अब धीरे-धीरे हम आसानी से कन्नड़ भाषा में वार्तालाप करने लगे थे। मुझे चुप देखकर शेफाली ने पूछा, "तुम इतनी गहराई से क्या सोच रहे हो? क्या मुझे अपनी बात नहीं बताओगे?" मेरे पास आकर बैठ गई। उस दिन मुझे लगा कि यह मेरी एक खास दोस्त है और मैंने सोचा कि मुझे अपनी मन की सब बातें शेफाली से कह देनी चाहिए। मैंने उसे जल्दी से अपने गांव, अपना बचपन ,सौतेली मां ,मवेशी, और गांव के अ दोस्तों के बारे में बताया। मेरी दास्तान सुनकर उसकी आंखों में पानी भर आया। उसने यह सब अभी तक केवल फिल्मों में ही देखा सुना था उस दिन उसे लगा कि मैं एक नया व्यक्ति हूं ,"बाहर से तो तुम हर समय मुस्कुराते रहते हो पर तुम्हारे भीतर इतना दर्द छुपा है" यह कह कर रोने लगी, तो मैंने उसे चुप होने को कहा " भगवान के लिए अब रोना बंद करो", अपना रुमाल देते हुए मैंने उसे कहा, तुम्हारा भारतीय सेना में नौकरी करने का सपना मैं पूरा करूंगी मेरा एक दोस्त है जो इस काम में हमारी मदद कर सकता है। यह सुनकर मैं खुशी से झूम उठा मुझे लगा मेरा सपना जल्द ही पूरा हो जाएगा। "अंधेरा हो रहा है चलो मैं तुम्हें छोड़ देती हूं", तो मैंने उसे कहा नहीं तुम जाओ मैं कुछ देर यहां समुद्र के किनारे बैठकर चांदनी रात में लहरों होने को कहा तुम्हारा भारतीय सेना में नौकरी करने का सपना मैं पूरा करूंगी मेरा एक दोस्त है जो इस काम में हमारी मदद कर सकता है यह सुनकर मैं खुशी से झूम उठा मुझे लगा मेरा सपना जल्द ही पूरा हो जाएगा इतने में से पानी भूल ही अंधेरा हो रहा है चलो मैं तुम्हें छोड़ देती हूं तो मैंने उसे कहा नहीं तुम जाओ मैं कुछ देर यहां समुद्र के किनारे बैठकर चांदनी रात में लहरों होने को कहा तुम्हारा भारतीय सेना में नौकरी करने का सपना मैं पूरा करूंगी मेरा एक दोस्त है जो इस काम में हमारी मदद कर सकता है यह सुनकर मैं खुशी से झूम उठा मुझे लगा मेरा सपना जल्द ही पूरा हो जाएगा इतने में से पानी भूल ही अंधेरा हो रहा है चलो मैं तुम्हें छोड़ देती हूं तो मैंने उसे कहा नहीं तुम जाओ मैं कुछ देर यहां समुद्र के किनारे बैठकर चांदनी रात में लहरों को देखूंगा। "अगले हफ्ते फिर मिलेंगे", "अगले हफ्ते मैं तुम्हें एक सरप्राइज दे दूंगी ऐसा कहकर स्कूटर पर बैठ कर चली गई। और मैं समुद्र के किनारे रेत पर बैठा रहा और समुद्र की लहरों को बढ़ते घटते देखता रहा।

"मैं माफी चाहती हूं पर ऐसा लगता है कि भारतीय सेना में नौकरी करने के लिए जो भी मापदंड है तुम उन पर खरे नहीं उतरते ",यह सुनकर मेरी आंखों में पानी भर आया मुझे पिछले हफ्ते ही खेलकूद करते समय और भागते समय ही अपनी असमर्थता का एहसास हो गया था और शिफाली को मुझे इस बात का बार-बार एहसास दिलाने की जरूरत नहीं थी। अन्य प्रतिनिधि मुझसे भागने में कूदने में शारीरिक शक्ति में और और शिक्षा के क्षेत्र में कहीं अधिक आगे थे। उन्हें अंग्रेजी और हिंदी भाषा में भी आते थे उन लोगों को की भागदौड़ और उन लोगों की शारीरिक क्षमता के सामने मैं ऐसे लग रहा था जैसे हाथी के सामने कोई चींटी , तो अब क्या क्या? मेरे इस सपने के लिए सारे दरवाजे बंद हो गए हैं? मैं कई दिन मैं रोया और कई दिनों तक रोता रहा मेरी आंखें रो रो कर छूट गई तो मैंने अपने आपको समझाया यह भगवान ही जानता है कि उसने मेरे लिए क्या सोचा है। मैं रोता रहा "बसवराज ,बसवराज आपको मैडम अंदर बुला रही हैं"। एक व्यक्ति ने आकर कहा तो शिफाली और मैं एक दूसरे के और हैरानी से देखने लगे क्योंकि हमें कुछ समझ नहीं आया मैडम अंदर बुला रही हैं? कौन सी मैडम बुला रही हैं? किसी और को बुलाया होगा गलती से मेरा नाम ले दिया शायद । उस आदमी ने साफ-साफ भाषा में मेरा नाम बसवराज था हम अंदर गए और पता लगाने की कोशिश की कि किस ने हमें बुलाया है । अंदर जाकर देखा एक छोटा सा मीटिंग हॉल था 6,7 खुशियां और एक टेबल लगी हुई थी शिफाली ने मुझे भेज दिया और और स्वयं रिसेप्शन पर अखबार लेकर पढ़ने बैठ बैठ गई। मैंने अंदर जाकर हाथ जोड़कर नमस्ते करते हुए बोला" नमस्ते मैडम मैं बसवराज हूं" तो वह मैडम बोली "ओ अच्छा तुम बसवराज हो? आओ बैठो, मैडम 50 वर्ष की उम्र की मैडम लगती थी उन को देखकर ही लगता था कि वह भारतीय सेना में किसी ऊंचे ओहदे पर नियुक्त है। चेहरे पर रुबाब और कद 5- साडे 5 फीट होगा उन्होंने सेना की वर्दी पहनी हुई थी पता नहीं वह शादीशुदा थी या नहीं। कुछ फाइलों को देखने में मग्न थे और उन पर दस्तखत कर रही थी मुझे देख कर बोली तुम बैठो और 10 मिनट मुझे दो मैं काम खत्म करके तुमसे बात करती हूं । सब फाइलों पर दस्तखत करने के बाद मेरी तरफ मुड़ी और बोलने लगी तो तुम मिस्टर बसवराज हो मैं मुझे यहां पर शारीरिक बल और क्षमता का निर्णय लेने के लिए नियुक्त किया गया है उन सब लड़कों का जो भारतीय सेना में काम करना चाहते हैं। मैं तुम्हारी फाइल में देख रही थी , मुझे समझ आ गया कि तुम्हारा कद और तुम्हारा वजन भारतीय सेना के मापदंड पर पूरा नहीं उतरता इसीलिए हम तुम्हें चुन नहीं सकते पर मुझे पता चला है कि तुम एक बहुत अच्छी स्विमर हो। हमारी एक रेस्क्यू टास्क फोर्स टीम है। यह टीम तूफान ,भूचाल, और ऐसी इमरजेंसी के समय लोगों को बचाने का कार्य करती है हमें बहुत से लोग मिल रहे हैं जो अच्छे भाग सकते हैं, खुद सकते हैं और गाड़ी भी चला सकते है। बहुत कम ऐसे लोग मिलते हैं जो अच्छी तरह की स्विमिंग कर सके तो मेरे ख्याल से हम तुम्हें स्विमिंग की श्रेणी में डाल देते हैं इसलिए मैंने तुम्हें बुलाया अब तुम जाओ और 3:30 बजे वापस आना और तब हम तुम्हारा स्विमिंग का परीक्षण करेंगे। शुभकामनाएं" मुझे उसकी हिंदी और अंग्रेजी बहुत अच्छी तरह समझ नहीं आई पर मैं इतना

खुश हुआ कि मैं आसमान छू लूंगा एक विचित्र तरह की खुशी महसूस हुई मुझे अपने अंतर्मन में(हालांकि रो-रोकर मेरी आंखें सूख गई थी) पर मैं खुशी के आंसू नहीं रोक पाया जो मैं उस समय महसूस कर रहा था।

***

मुझे वह मैडम एक देवी जैसी लग रही थी। दुनिया की परवाह किए बिना मैं उनके पास गया और उनके पांव छू लिए। तो वह बोली" ओहो यह क्या कर रहे हो", उन्होंने अपने पांव पीछे कर लिए पर जब उन्होंने देखा कि मैं भावुक हो रहा हूं और खुशी से विनम्रता और एक भोलेपन से उनके पांव छू रहा हूं तो वह बोली" जाओ, मेरे बेटे यीशु तुम्हें आशीर्वाद दें"। यह कहकर उन्होंने अपने गले में पहने हुए यीशु के क्रॉस को छुआ जब मैं मीटिंग रूम से बाहर आया तो मैंने देखा शिफाली कहीं बैठी थी और अखबार पढ़ रही थी मेरी तरफ मुड़कर शिफाली ने पूछा क्या हुआ? मैं तेजी से भाग कर उसकी तरफ गया और उसे सब समझाया मैंने उसकी आंखों में भी बहुत खुशी देखी और वह बोली" वाह, तुम ने कर दिखाया"। कह कर उसने जोर से मुझे गले लगा लिया मैं इतना खुश था कि मैं शिफाली का धन्यवाद करना ही भूल गया जो मुझे यहां लेकर आई थी थी उसके बिना तो मैं यहां आ नहीं सकता। था मैं बिल्कुल कुछ नहीं बोल पाया उस क्षण मैंने हाथ जोड़े और उसको वह सब बताया जो वहां हुआ और यह भी कहा शिफाली मैं तहे दिल से तुम्हारा धन्यवाद करता हूं। शिफाली बोली "ओहो बुद्धू ,ऐसा कुछ नहीं है मैं तुम्हारी दोस्त हूं एक दोस्त ही दोस्त के काम आता है और मैंने वही किया, कुछ खास नहीं" चलो चलकर चाय पीते हैं मेरी स्विमिंग मुझे वह मैडम एक देवी जैसी लगती थी लग रही थी दुनिया की परवाह किए बिना मैं उनका उनके पास गया और उनके पांव छू लिए तो वह बोली ओहो यह क्या कर रहे हो उन्होंने अपने पांव पीछे कर लिए पर जब उन्होंने देखा कि मैं भावुक हो रहा हूं और खुशी से विनम्रता से और एक भोलेपन से उनके पांव छू रहा हूं तो वह बोली जाओ मेरे बेटे यीशु तुम्हें आशीर्वाद दें यह कहकर उन्होंने अपने गले में पहने हुए यीशु के क्रॉस को छुआ जब मैं मीटिंग रूम से बाहर आया तो मैंने देखा कहीं से शिफाली कहीं से पानी बैठी थी और अखबार पढ़ रही थी मेरी तरफ मुड़कर शिफाली ने पूछा क्या हुआ मैं तेजी से भाग कर उसकी तरफ गया और उसे सब समझाया मैंने उसकी उसकी आंखों में भी बहुत खुशी देखी और वह बोली वाह तुम ने कर दिखाया कह कर उसने जोर से मुझे गले लगा लिया मैं इतना खुश था कि मैं शिफाली का धन्यवाद करना ही भूल गया जो मुझे यहां लेकर आई थी थी उसके बिना तो मैं आ नहीं सकता था मैं बिल्कुल कुछ नहीं बोल पाया उस क्षण मैंने हाथ जोड़े और उसको वह सब बताया जो वहां हुआ और यह भी कहा शिफाली मैं तहे दिल से तुम्हारा धन्यवाद करता हूं। शिफाली बोली "ओहो बुद्धू ,ऐसा कुछ नहीं है मैं तुम्हारी दोस्त हूं एक दोस्त ही दोस्त के काम आता है और मैंने वही किया कुछ खास नहीं चलो चलकर चाय पीते हैं" मेरी स्विमिंग की परीक्षा 3:30 बजे होनी थी शिफाली बोली "तुम यह मत सोचो कि उन लोगों ने तुम्हें चुन लिया है परीक्षा लेंगे निरीक्षण करेंगे", तो मैंने उसे बोला" हां उन लोगों ने मुझे वापस आकर स्विमिंग का नमूना दिखाने को बोला है

अब भगवान साथ ना भी दे तो भी मुझे विश्वास है कि मैं जीत जाऊंगा मुझे अपने स्विमिंग की काबिलियत पर पूरा भरोसा है" मैंने घमंड में आकर यह बात नहीं कही थी मुझे अपनी स्विमिंग की शक्ति पर पूरा भरोसा था। तो शिफाली बोली" मुझे भी पता है, चलो अब शांत हो जाओ चाय पीते हैं" और हम पास ही की चाय की दुकान तक चल पड़े। जब हमने स्विमिंग पूल को देखा तो मैं हैरान रह गया और मैं बोल पड़ा" वाह स्विमिंग पूल है या एक समुद्र है", इतना बड़ा स्विमिंग पूल देखकर मेरे दिल की धड़कन एक क्षण के लिए रुक गई शिफाली ने मुझे कुछ खाने पीने नहीं दिया बोली खाना खाने से तुम्हारा शरीर भारी हो जाएगा। हम दोनों ने सिर्फ चाय पी और एक पाव भाजी खाई। एक नए तरह का उत्साह मैं अपने शरीर के अंदर महसूस कर सकता था अपनी आत्मा में महसूस कर सकता। था उन लोगों द्वारा दी गई स्विमिंग की पोशाक मैंने पहनी, दो व्यक्ति स्विमिंग पूल के दोनों छोर की तरफ खड़े हो गए वह दोनों व्यक्ति चुनाव कमेटी की तरफ से आए थे। मेरे पास कोच आया और उसने मुझे कुछ निर्देश दिए यह स्विमिंग पूल भारतीय सेना के ऑफिस के अंदर सिर्फ था जिसकी वजह से शिफाली को अंदर आने नहीं दिया गया। (सुरक्षा के नियमों की वजह से) जैसे ही मुझे कोच ने निर्देश दिए मैं तैयार हो गया मेरे अलावा वह कोई भी नहीं था जो सुमिंग का परीक्षा देने आए हो, इसलिए मैं समझ गया कि एक खास मेरे लिए ही किया गया है। उस विशालकाय स्विमिंग पूल में चार राउंड लगाना आसान बात नहीं थी वह भी लगातार, कोच ने मुझसे ही बात कही थी जब मैंने उनसे पूछा कि मेरे लिए इस खास टेस्ट की क्या जरूरत थी तो उन्होंने मुझे बिल्कुल सही जवाब दिया उन्होंने कहा" हो सकता है कि रेस्क्यू मिशन के समय तुम्हें घंटों तक पानी में फंसे या तूफान में फंसे या फिर भूकंप में फंसे लोगों को बचाने के लिए घंटो तक पानी में ही खड़े रहना पड़े वह भी बिना पानी बिना खाना , जितना अधिक प्राकृतिक प्रकोप बढ़ेगा उतना अधिक , मुश्किल होता जाएगा तुम्हें केवल एक जीवन नहीं बचाना है तुम्हें हजारों लोगों की जान बचाने पड़ेगी", यह सुनकर मेरे मन में बहुत अधिक रोमांच की लहर दौड़ गई मुझे याद आया पिछले साल जब तमिलनाडु में पानी का भूचाल आया था तो थॉमस नाम के एक व्यक्ति ने 10 लोगों की जान बचाई थी वह भी पानी की विपरीत दिशा में तैर करा। हे प्रभु , कोच की बात सुनकर कुछ की बात सुनकर मैं बहुत उत्साहित हुआ पर मुझे आत्मग्लानि भी हुई कि मैंने यह बोला कि चाहे भगवान विपरीत हो पर मैं अपनी शक्तियों पर भरोसा रखता हूं, पर मैं यह भूल गया था कि जीवन का यह मौका मुझे भगवान नहीं प्रदान किया है और मुझे अपने घमंडी होने पर भी गुस्सा आया मैंने मन ही मन निश्चय कर लिया चाहे कुछ भी हो जाए मैं इस परीक्षा को पास करूंगा। और भारतीय सेना में नौकरी जरूर करूंगा बहुत से लोगों को यह सिर्फ एक काम करना एक अन्य नौकरी जैसा लगता होगा पर मेरे लिए ऐसी बात नहीं है यह मेरे लिए एक सपना है जो बहुत सालों से। मैंने निश्चय कर लिया था कि अब यही मेरा भविष्य होगा मैं एक ऐसा इंसान हूं जिसके पास कहने के लिए एक भी रिश्ता नहीं है ना मां है, ना बाप है, ना बहन भाई, रिश्तेदार कोई भी नहीं है यही अब मेरी जिंदगी का सहारा है और यही मेरी जिंदगी का मिशन है कि मैं हजारों लोगों की जान

बचाई1 अगर कल मैं मर भी जाऊंगा कोई भी ऐसा नहीं है जो मेरे लिए दो आंसू बहाए इसलिए अपने जीवन की अकेले होने की सजा को मैं इस तरह भरपाई करूंगा कि मैं लोगों की जान बचा लूंगा1 मेरा दिमाग पूर्ण रूप से तैयार था इस परीक्षा को पास करने के लिए जैसे ही कोच साहब ने सीटी बजाई मैं पानी में कूद गया जय बजरंगबली का पाठ करते हुए1 1, 2, 3 राउंड लिए मेरे शरीर की पूरी ताकत पूरी ऊर्जा खत्म होती नजर आ रही थी पर अभी मेरे सपने को पूरा करने के लिए मुझे एक राउंड और लेना था किसी तरह मैंने किया और मैंने विश्वास से सोचा यही एक आखरी दौर है जिसको पूरा करके मैं अपने सपने को जीवित कर सकता हूं1 इसलिए मैंने अपनी पूरी ताकत लगा दी पर मैं बहुत कमजोर महसूस कर रहा था शायद भगवान मुझे मेरी घमंडी बात की सजा देना चाहते थे1 मेरे हाथ और पैर मेरा साथ नहीं दे रहे थे मैं बहुत कमजोर महसूस कर रहा था चौथा राउंड ना करने की हालत में था तो इसीलिए विश्राम के बाद ही मैंने हार मान ली और मैं अपनी बदकिस्मती पर गुस्सा था और पानी से निकल के कोच की तरफ चल पड़ा1

***

"वाह शाबाश, बहुत खूब" यह कहकर कोच ने मुझसे हाथ मिलाया, यही नहीं सिलेक्शन कमिटी के लोग भी मेरे पास आए और मेरी पीठ थपथपाई और कहा "तुम बहुत बढ़िया स्विमिंग करते हो", और मैं उनके सामने चुपचाप खड़ा रहा जबकि वह लोग मेरी पीठ थपथपा रहे थे1 मुझे कुछ समझ नहीं आया कि यह लोग ऐसा क्यों कह रहे हैं कर रहे हैं जितने भी लोग वहां खड़े थे सब ने मुझे कहा- बहुत खूब बहुत बढ़िया किया मैंने स्विमिंग की कपड़े बदल कर अपने कपड़े पहन लिए और उनके पीछे पीछे चल पड़ा कई रास्तों से गुजर कर हम तीसरे फ्लोर पहुंचे लिफ्ट से और एक कमरे में दाखिल हुए1 मुझे वहां बैठने के लिए कहा गया और कुछ देर बाद कुछ दो ऑफिसर वहां आए साथ में वह मैडम भी थी जिनसे मैंने पहले बात की थी1 मैं बैठा था और दीवार की तरफ देख रहा था एक महिला ने आकर मुझे कहा," मिस्टर बसवराज आप चुन लिए गए है, उनके साथ ही कोच बोले "शाबाश मेरे बेटे, तुमने बहुत अच्छी तरह से स्विमिंग की और तुम्हारा शारीरिक बल भी बहुत अच्छा है, हम तुम्हें ट्रेनिंग देंगे जिससे तुम और अधिक अच्छी स्विमिंग करने लगोगे चिंता मत करो1 पर मुझे किसी बात की चिंता हो रही थी उन्होंने मुझसे पूछा "तुम क्या सोच रहे हो"?, तो मैंने कहा "मैंने तो सिर्फ तीन राउंड पूरे किए चौथा राउंड तो मैंने किया ही नहीं फिर भी आपने मुझे चुन लिया यह बात मुझे समझ नहीं आई ",जोर से हंसते हुए कोच ने कहा, "हे भगवान अगर तुम चौथा राउंड लेते तो शायद तुम जीवित ना रहते", "परीक्षा के रूप में हम केवल दो ही राउंड ले करने को बोलते हैं जबकि तुमने बहुत आसानी से तीसरा राउंड भी पूरा कर दिया इसका मतलब है कि तुम्हें के कुछ खास तकनीक आती है तुम्हारी स्विमिंग के अच्छे प्रशिक्षण के कारण हम तुम्हारा और परीक्षण नहीं करेंगे हालांकि तुम बहुत अच्छी तरह स्विमिंग कर लेते हो फिर भी हम तुम्हें व्यवसायिक रूप से ट्रेनिंग देंगे"1 " अगर तुम यह काम करना चाहते हो तो यहां पर दस्तखत कर दो और अगर तुम चाहो तो तुम अपने माता-पिता या अपने

परिवार जनों को भी इस बारे में बता सकते हो और यह मत सोचना कि अब तुम यहां से बच कर निकल सकते हो क्योंकि अक्सर लोग परीक्षण में पास होने के बाद माता-पिता को जब भी इस बारे में बताते हैं वह मना कर देते हैं और लोग इस काम को छोड़ कर चले जाते हैं", यह सुनकर मैंने कम शब्दों में अपनी पूरी जीवन की कहानी सुना दे, वह मैडम जो पहले मुझे मिली थी मेरे पास आई और प्यार से मेरे सिर पर हाथ रखकर कहती हैं "कितनी कम उम्र में तुमने इतनी परेशानियां देख ली और तुम काफी समझदार भी लगते हो पर अगर तुम यहां नौकरी करोगे तो तुम को होटल की नौकरी छोड़नी पड़ेगी और यहां नौकरी करने के लिए तुम्हें घर की जरूरत भी पड़ेगी, है ना? तो इसीलिए तुम अर्जी में हॉस्टल में रहने की अनुमति की अर्जी भी डाल दो"," अब जाओ और कल दोबारा आकर इस फॉर्म को साइन कर देना कि तुम्हें रहने के लिए हॉस्टल चाहिए मैं तुम्हारा नाम आगे बता दूंगी चिंता मत करना और इस ट्रेनिंग के दौरान तुम्हें पैसा भी दिया जाएगा जिससे तुम्हारा जीवन यापन आराम से चल सकेगा मैं फिर से कहती हूं यीशु तुम्हें आशीर्वाद दे मेरे बच्चे", उसके बाद कोच ने मुझसे पूछा क्या तुम्हें बाहर जाने का रास्ता पता है तो मैंने ना कहते हुए सर हिला दिया कुछ दूर तक वो मेरे साथ चलें अभी बोला यहां से सीधे जाओ और बाहर निकल जाओ मैं एक ही सांस में वहां से भागा1 शिफाली कुछ दूर खड़ी थी वह भी मेरी तरफ बढ़ी और मेरे हाथ मिला कर बोली" मुबारक हो", तो मैंने उससे पूछा तुम्हें कैसे पता चला ?किसने बताया?, तो वह बोली "ओहो बुद्धू, तुम बिल्कुल ही बुद्धू, है मुझे कौन बताएगा तुम्हारा चेहरे की खुशी देखकर ही मैं समझ गई यह तुम चुन लिए गए हो, मैं सही हूं ना"? मैंने कहा हां यह सुनकर उसका चेहरा भी1000 वाट के बल्ब की तरह चमकने लगा मुझे उसकी यह बात बहुत पसंद थी कि मेरी खुशी में ही उसकी खुशी थी 1 "चलो अब हम चलते हैं और बड़ा पाव पार्टी करते हैं", पर मैंने उसे रोक कर कहा ",एक बात एक बात तो मैं कहना भूल ही गया", शिफाली ने पूछा क्या "मुझे ऐसे लगता है कि मुझे सीना को जरूर यह सब बताना चाहिए क्योंकि वह मेरे सुख और दुख है साथ ही रहा है हमेशा उसके बाद हम पार्टी करेंगे"," चलो चलते हैं", यह कहकर उसने अपना शूटर शुरू किया और हम मुंबई की सड़कों के भीड़भाड़ से निकलते हुए मेरे होटल पहुंचे यह खबर सुनकर सीना बहुत खुश हुआ और मुझे गले लगा कर बोला "तुम्हारी मां के लिए जो तुम की पूजा की थी आज तुम्हें उसका आशीर्वाद मिला है" हमारा मालिक भी बाहर आया जब उसने सुना औ कहा " बेटा तुम्हारे जैसा अच्छा लड़का मिलना मुश्किल है पर मैं तुम्हें रोकूंगा नहीं जैसे तुमने हमेशा यहां पर मन लगाकर काम किया है नए काम भी को भी खुशी-खुशी मन लगाकर इमानदारी से करना भगवान हमेशा तुम्हारा साथ देंगे", "अगर तुम चाहो तो कुछ दिन यहां रह सकते हो मुझे कोई परेशानी नहीं होगी", मैंने उन्हें बताया कि मुझे हॉस्टल में रुकने की जगह मिलेगी यह सुनकर मालिक कहते "बहुत बढ़िया शुभकामनाएं" मैंने अपने मालिक के पैर छुए रात की 2:00 बजे तक सीना के साथ बैठा रहा और आज का पूरा अनुभव सुनाया बात करते-करते पीना को नींद आ गई और मैंने सोने के लिए नीचे चला गया पर मैं वहीं बैठा रहा और तारों की तरफ देखता रहा 1 मिनट के लिए भी मेरी आंख नहीं

लगी1 "अरे वाह यह तुम्हारा घर है"? इतना बड़ा?, यह तो महल जैसा लगता है", ऐसा कहकर मैं घर के चारों ओर देखने लगा सच में यह एक महल जैसा घर था 1 मैंने उससे पूछा "यहां पर कौन-कौन रहता है"? तो उसने आराम से जवाब दिया "मैं और मेरे पिताजी", और फिर मैंने उसे पूछा और "तुम्हारी मां"? तो जवाब उसने मुझे रुकने के लिए कहा ताकि वह स्कूटर एक जगह लगा दे1 और गेट को बंद कर दे1 स्कूटर को लगाने और गेट को बंद करने के बाद उसने घर का दरवाजा खोला और कहा ",आओ अंदर आओ ,मेरे घर पहली बार आए हो" घर अंदर से देखने में एक महल जैसा आलीशान था मैं मन मन सोचता रहा यह घर है?, एक बहुत बड़ा हॉल था जहां सोफे रखे हुए थे और एक तरफ गौतम बुध की मूर्ति थी एक बहुत बड़ा टीवी दीवार, पर सुंदर टाइलें और पहली मंजिल को जोड़ दी हुई एक सीढ़ी, बहुत बड़ा किचन किचन के अंदर फ्रिज, वाशिंग मशीन,1 यह सब भी रखा हुआ था और मुझे एक सपने जैसा लगता था शाम को 6:00 बजे शिफाली के कुछ दोस्त आए 7:00 बजे तक पार्टी शुरू हुई 1 मुझे सीना की कमी महसूस हो रही थी ,मुझे ऐसा लगा कि वह भी आना चाहता था इस पार्टी में पर नए साल के जश्न की तैयारियों में उसे होटल में अधिक काम था1 "यह है मेरा दोस्त विश्वराज जो कर्नाटक से आया है" शिफाली ने मुझे अपनी सहेलियों से मिलाते हुए कहा शिफाली ने यह पार्टी मेरे सम्मान में रखी थी क्योंकि मुझे भारतीय सेना में नौकरी मिल गई थी, या फिर वह सिर्फ एक पार्टी करना चाहती थी? इसलिए कैसे मैं इतना खास कारण बन गया कि वह मेरे लिए पार्टी करने लगी, मुझे समझ नहीं आया1 मैं मन ही मन बहुत खुश और संतुष्ट था और मैंने भगवान को धन्यवाद किया कि उन्होंने मुझे शेफाली जैसे दोस्त दी जिसने मुझे मेरी तरक्की और खुशहाली का रास्ता दिखाया है1 हालांकि मैं दिन-रात शराब की दुकान में काम करता था फिर भी मुझे शराब पीने की आदत नहीं थी इसीलिए मैं हाथ में कोका कोला की बोतल लेकर खड़ा रहे पाली ने भी मुझे शराब पीने के लिए नहीं कहा शेफाली ने सिर्फ यही कहा "तुम्हारी मर्जी है, तुम्हारी इच्छा है, यह स्वतंत्रता है तुम्हारी तुम चाहो तो मत बदलो इस अपनी अच्छी आदत को", सच में शिफाली एक बहुत ही अच्छी और विचित्र किस्म की इंसान थी 9:00 बजे तक पार्टी समाप्त होने की कगार पर थी उसकी सहेलियों ने एक बार फिर मुझे मुबारक दिया दी और चली गई तो मैंने शिफाली को बोला "9:30 बज चुके हैं, अब मुझे भी चलना चाहिए"1 यह सुनकर शेफाली बोली "कहां जाओगे इतनी रात को ?,यहीं रुक जाओ सुबह चले जाना"1 मुझे कुछ अजीब सा लगा क्योंकि मैं उसके घर में अकेला था और एक बहुत बड़ा घर था तो मैंने कहा "कोई बात नहीं मैं चला जाता हूं, मैं घोड़ा गाड़ी ले लूंगा," "चिंता मत करो यही रुक जाओ मैं तुम्हें कुछ तंग नहीं करूंगी", शिफाली का बात करने का अंदाज इसी तरह था एक चाकू की तरह सीधी और साफ बात करती थी बिना यह सोचे कि वह किसी पुरुष से या किसी स्त्री से बात करती है और मैं एक शर्मिला किस्म का इंसान था मैं एक बहुत अलग तरह के वातावरण में पाला पड़ा था जैसे कि वह1 मैंने उसका मन रखने के लिए कह दिया अच्छा ठीक है मैं रुक जाता हूं फिर मैंने उसे पूछा "तुम इतने बड़े घर में अकेली रहती हो तुम्हें डर नहीं लगता? तुम्हारे पिता कहां है? दिखाई नहीं दे रहे1

तो मेरे सवाल का जवाब देते हुए उससे बोली "यह बहुत बड़ी कहानी है मेरे पिताजी एक बहुत प्रसिद्ध सिविल इंजीनियर है मेरी मां केमिस्ट्री की अध्यापिका है और जब मैं 13 साल की थी तो मेरे माता-पिता ने तलाक ले लिया था मेरी मां ने कोर्ट से कहा कि उन्हें कोई परेशानी नहीं होगी अगर मैं पिता के साथ रहूं। तो इसीलिए मैं पिता के साथ ही रह गई मेरे पिताजी काम में बहुत ज्यादा व्यस्त रहते हैं इसलिए उन्होंने दोबारा शादी नहीं की वैसे भी अब मैं बड़ी हो चुकी थी और हाई स्कूल में पढ़ने लगी थी पिता मेरी शादी जल्दी करना चाहते थे ताकि उनकी एक जिम्मेदारी खत्म हो जाए। मेरे पिताजी बहुत प्रसिद्ध है भूचाल से सुरक्षित घर बनाने के लिए इसीलिए वह दुनिया भर में घूमते रहते हैं अपने काम के संबंध में। और मेरी मां का उनको तलाक देने का यह भी एक बहुत बड़ा कारण था और आजकल वह आजकल में चंडीगढ़ गए हुए है पानी के बांध का काम करने के लिए और अगले हफ्ते वापस आएंगे। इसीलिए मैं घर में अकेली रहती हूं कुछ समय पहले तक एक पंजाबी आंटी यहां आती थी घर का काम करने के लिए और मेरा ध्यान रखने के लिए, खाना भी बनाती थी वह अपने बेटे को भी साथ लेकर आती थी जो मुझे पसंद नहीं था तो मैंने पिताजी से कहा कि उन्हें नौकरी से निकाल दे। उसके बाद से अपना ख्याल खुद रखती हूं नाश्ता भी खुद ही बनाती हूं और लंच कैंटीन में कर लेती हूं और अगर घर में पार्टी हो तो रात का खाना हम बाहर से मंगा लेते हैं " हैप्पी लाइफ" ऐसे बोल कर फ्रिज की तरफ चल पड़ी पानी की बोतल लेने के लिए।

बात को आगे बढ़ाते हुए" मैंने बोला तुम्हारी शादी का क्या? तुम कितने साल की, हो" तो वह तुनक कर बोली "बुद्धू तुम्हें नहीं पता किसी लड़की से उसकी उम्र नहीं पूछते"? हां, मुझे एहसास हुआ कि मुझे नहीं पूछना चाहिए था " मेरी उम्र की चिंता मत करो अब तक तो मेरी शादी हो जानी चाहिए थी", पर मेरा एक बार ब्रेकअप हो चुका है तो मैंने उससे पूछा" क्या मैं पूछ सकता हूं कि क्या हुआ था"," हां हर तरह से मैं बताने के लिए तैयार हूं मैं भी चाहती हूं कि मैं अपनी मन की बात किसी से बताऊं और इस दुख को कम कर सकूं मैं अपने ब्रेकअप के बारे में आराम से बात कर सकती हूं पर तुम शर्मीले हो यह ना हो कि मेरी बातों से तुम्हें शर्मिंदगी महसूस हो" "कोई बात नहीं तुम मुझे बताओ मैं अपने बारे में तुम्हें इतना कुछ बता चुका हूं तुमसे तो मैंने कभी कुछ पूछा ही नहीं तुम्हारे बारे में", मैंने सांत्वना देते हुए शेफाली से कहा। "ठीक है तुम्हारी मर्जी अब सुनो 9000 33 साल", उस को रोकते हुए "मैंने कहा अरे इस तरह नहीं मुहावरों में नहीं सीधी सीधी बात बताओ", शेफाली ने बताना शुरू किया कि- उसका जन्म पंजाब में हुआ था उस वक्त मेरे पिताजी वही काम करते थे अपनी पढ़ाई कर्नाटक और राजस्थान में पूरी की और जब तक मैं आठवीं क्लास तक पहुंची मेरे माता-पिता एक दूसरे से अलग हो चुके थे कुछ समय के लिए मैं डिप्रेशन यानी कि अवसाद में चली गई थी ,पिताजी ने मुंबई में नौकरी कर ली थी उन्होंने मुझे कहा उन्हें मुंबई में कुछ समय अकेले रहना पड़ेगा और मुझे भोपाल में उनकी बहन के घर रहने के लिए भेज दिया। गर्मी की छुट्टियां हुई पिताजी ने बताया कि गर्मी की छुट्टियों में मैं तुम्हारा स्कूल में दाखिला करवा दूंगा खुशी कि मैं अपनी बुआ के घर जा रही थी यह मैंने सोचा कि चलो मुझे भी एक नई

दुनिया देखने का मौका मिलेगा मेरी बुआ एक मां की तरह मेरा ध्यान करती थी एक क्षण के लिए भी वह मुझे मेरी मां की याद नहीं आने देती थी खाना भी बहुत अच्छा बनाती थी। मेरी बुआ एक कपड़ों की फैक्ट्री में काम करने जाते थे समय पार करना मुझे मुश्किल लगने लगा था कुछ दिन बाद मेरी बुआ का बेटा प्रदीप घर आया। वह कॉलेज में पढ़ता था और हॉस्टल में रहता था गर्मियों की छुट्टियों में हॉस्टल में रहने की इजाजत नहीं दी इसलिए मैं घर आया था छुट्टियां बिताने के लिए। शुरू की कुछ दिन तो उसने मुझसे बिल्कुल बात नहीं करी ऐसा लगता था जैसे बुआ ने उसको मेरे माता-पिता के तलाक के बारे में बता दिया है और बुआ ने उसे के भी बताया है कि मैं डिप्रेशन से गुजर रही हूं इसलिए उसे मुझसे बात करनी चाहिए और मुझे सांत्वना देनी चाहिए उस दिन के बाद से वह कभी-कभी मुझसे बात करता था अब मुझे भी अच्छा लगता था कि बात करने के लिए और समय व्यतीत करने के लिए कोई है मेरे पास । धीरे-धीरे मुझे उससे बात करने की आदत पड़ गई मुझे उसका बात करने का तरीका उसके बाल, उसकी जींस उसकी टीशर्ट और यही नहीं जिस तरह मेरा ध्यान रखता था इन सब कारणों की वजह से मैं उसकी ओर आकर्षित होने लगी थी क्यों यह आम बात नहीं है इस उमर में? हम दोनों घंटे तक बातें करते थे वह मुझे अपनी कॉलेज की कहानियां सुनाता था अक्सर लड़कियां उसकी कहानियों का पात्र होती थी मैं भी उसे अपने में भी उसे अपने पुराने दिनों की कहानियां सुनाया करती थी मैं उसे पंजाब, कर्नाटक और राजस्थान में बिताए हुए दिनों के बारे मे। एक दिन नाश्ता खाने के बाद मुझसे बात कर रहा था मेरी दिनचर्या का हिस्सा बन गया था कि मैं रोज नाश्ता खाती, खाना खाती और जाकर सो जाती घर का कामकाज निपटाने के बाद और खाना खाने के बाद हम दोनों एक दूसरे से बात कर रहे थे तो मैंने उसे बोला कि मैं कुछ देर के लिए सोना चाहती हूं और मैं हॉल की कालीन पर ही सो गई। प्रदीप मेरे नजदीक बैठकर टीवी देखता रहा हो सकता है मैं गहरी नींद में नहीं थी पर मेरा सोने का मन हो रहा था और अचानक से मुझे एहसास हुआ कि प्रदीप ने मेरे गाल पर चुंबन दिया जिससे कि मैं बहुत हैरान रह गई मुझे कुछ समझ नहीं आया मैं क्या करूं क्या मुझे उसे डांटना चाहिए था या मैं अपनी बुआ को बताऊं कि मेरे साथ उसने ऐसा किया है ।मैं यही बातें अपने मन में सोचती रही कि मैंने यह भी सोचा कि अगर वह मेरी शिकायत करने पर है गुस्सा, डांटने पर मुझसे नाराज होकर मुझे बात करनी बंद कर देगा तो मैं क्या करूंगी ।वैसे भी बुआ मेरा बहुत ध्यान रखती थी अगर मैं उनको उनके बेटे के खिलाफ शिकायत करूंगी तो वह मेरे बारे में क्या सोचेंगे और हो सकता है उन्हें बहुत दुखी हो और मेरा शरीर भी जवान हो रहा था इस तरह का अनुभव मुझे रोमांच दे रहा था मेरा मन किया कि वह फिर से एक बार ऐसा करें तो , मैं सोने का दिखावा करती रही हर बार उसके चार चुंबन से मेरे शरीर में एक बिजली सी दौड़ जाती थी मैं खुद को रोक नहीं सकी और मैं पलट के दूसरी तरफ मुंह करके सो गई धीरे-धीरे वह अपने हथेली को मेरे सिर के साथ रगड़ने लगा टीवी पर हिंदी सिनेमा चल रही थी पर उसका पूरा ध्यान मेरी तरफ ही था जिस घड़ी उसके हाथ उसने अपने हाथों से मेरे होठों को छुआ एक बिजली सी दौड़ गई मेरे अंदर और मेरे होठ थरथर आने लगे मेरी मेरा

पूरा शरीर कांप गया मुझे कुछ समझ नहीं आया कि मुझे क्या करना चाहिए तो मैं चुपचाप वहां सोने का दिखावा करती रही इसके अलावा मेरे पास और कोई विकल्प नहीं था

पता नहीं वह क्या सोच रहा था उसे लगाया तो मैं बहुत गहरी नींद में सो रही हूं या फिर उसके इस उतावले व्यवहार का विरोध नहीं कर रही वह अपने इस प्रेम स्पर्श को आगे बढ़ाता रहा हिम्मत के साथ उसने जबरन मुझे अपनी ओर खींच लिया हालांकि मैं सोने का नाटक कर रही थी। मैं सीधी होकर लेट गई धीरे-धीरे वह पूरी तरह मुझ पर हावी होने लगा। जैसे कि मैं सीधी हो कर लेटी थी मुझे देखकर वह और अधिक उतावला हो गया। मेरा कुंवारा पन जो अब धीरे-धीरे निखरने लगा था उसकी वजह से मेरे शरीर में सुंदरता और नए बदलाव आ रहे थे जब ऐसी कुंवारी और सुंदर लड़की सो रही हो क्या मैं खूबसूरत नहीं लगेगी? किसी को भी मेरी उम्र में इस तरह के विचार आना या एहसास आना कोई नई बात नहीं है इस समय मेरे अंदर और अधिक ज्वाला प्रचलित कर दी और मैं सोने का नाटक करती रही मैं चाहती थी कि वह मेरे सुंदर शरीर को देखें मैं चाहती थी वह एक तक लगाकर मेरे शरीर के उभार और सुंदरता को देखें जैसे कि मैं सीधी हो कर ली थी उसने अपने होठों से मेरे होठों पर चुंबन दिया मैंने भी उत्साहित होकर धीरे से उसके होठों को काट लिया हालांकि मैं उस समय सोने का नाटक कर रही थी मैंने उसे जो मुझसे आलिंगन में ले लिया। मैंने अपनी जवानी, अपना दिल, अपने विचार और शरीर सब उसको अर्पण कर दिया और उसने भी मुझे पूरी तरह हावी होकर घेर लिया हमारा यह प्रेम आलाप कई दिनों तक ऐसे ही चलता रहा। रोज मुझे नए-नए उपहार देता, मुझे घुमाने फिराने बाहर ले जाता, पर यह सब मेरी बुआ को नहीं पता था। वह दिन में 100 बार मुझे कहता कि वह मुझसे प्रेम करता है और जब भी वह कहता इसको सुनकर मैं खुद को दुनिया की सबसे भाग्यशाली लड़की समझती थी। मेरे जीवन का एक अटूट रिश्ता बन गया था अब मुझे एहसास होने लगा था इसके बिना नहीं रह पाऊंगी मैं उसके साथ शादी करने के सपने सजाने लग थी। तब मुझे आसपास के लोगों से पता चला कि प्रदीप एक मनचले स्वभाव का लड़का है और कॉलेज में भी उसने कुछ लड़कियों के साथ संबंध बनाए हैं। मैं अंदर ही अंदर और दुखी रहने लगी इन दिनों मैं बहुत खुश हो रही थी यह सोच कर कि चलो एक दोस्त मुझे मिल गया है जो मुझे मेरे माता-पिता की तलाक के घाव भरने में मदद कर सकेगा पर अब ऐसा लगता था जैसे किसी ने मेरे सारे सपने जलाकर राख कर दिया। उस समय तक पिताजी ने मुंबई में घर ले लिया था और उसमें रहने लगे थे मैंने भी मुंबई के कॉलेज में दाखिला ले लिया अब यह मेरे माता-पिता का घर था और धीरे-धीरे मैं प्रदीप को पूरी तरह भूल गई मुझे मुझे(बसया,) नहीं पता था कि शिफाली ने अपने दिल में इतना अधिक दुख और बोझ लेकर जी रही है बाहरी दुनिया के लिए तो एक हंसती मुस्कुराती खुशमिजाज लड़की नजर आती थी। हम रात भर बातचीत करते रहे और हमेशा की तरह सितारों की ओर देखते देखते हैं मैं सो गया।

***

5

जो भी हो अब मेरी सिपाही की जिंदगी या मिलिट्री की जिंदगी कल से शुरू होने वाली थी मैं बहुत अधिक उत्साह और खुशी महसूस कर रहा था। मैंने सीना को अलविदा कहा एक बार और। मेरी आंखों में हजारों सपने घूम रहे थे मैं छत पर सोने के लिए गया और रात के 1:00 बजे तक सीना से बातचीत करता रहा अगर मैं पीछे मुड़कर अब तक की अपनी जीवन यात्रा को देखता हूं तो मुझे बहुत हैरानी होती है कि मैं यहां तक कैसे पहुंचा मैं खुद पर विश्वास नहीं कर पा रहा था , गांव छोड़कर मुंबई आना, नौकरी मिलना, सीना जैसा दोस्त मिलना, शिफाली जैसी अच्छी और प्यारी दोस्त मिलना, मिलिट्री की जिंदगी मिलना यह सब एक सपना जैसा लगता था ऐसे लगता है जैसे परमात्मा ने मेरे लिए यह जीवन रेखा पहले से ही तैयार कर रखी थी । प्रभु हमेशा मेरे साथ रहे मेरा मुझे कभी अकेला नहीं छोड़ा और हमेशा अच्छा ही अच्छा किया मेरे साथ अब तो मुझे शिफाली और भगवान का जीवन भर कर्जदार और शुक्र गुजार रहना होगा। शिफाली मेरे लिए एक दोस्त ही नहीं मेरी एक मार्गदर्शक भी है उसी ने मुझे बोलने का तरीका, भाषा सिखाई है और मुझे एक हीरे की तर तराशा जिससे मैं लोगों के सामने अच्छी तरह बात कर पाता हूं और एक विश्वासी आत्म विश्वासी युवक के रूप में नजर आता हूं वही इंसान थी जो मुझे मिलिट्री में नौकरी दिलाने के लिए लाई थी उसके बिना यह सब संभव नहीं था। यह सब सोचते सोचते मैं सो गया मैंने सुबह 6:30 बजे घोड़ा गाड़ी ली उसे अपना सामान रखा मेरे पास दो तीन जोड़ी कपड़ों से ज्यादा कुछ सामान नहीं था घोड़ा गाड़ी मिलिट्री कैंप के अंदर नहीं जा सकती थी इसलिए मैं गेट पर उतर गया और पैदल चलने लगा सुबह के समय कम लोग नजर आते थे अक्सर हमारी ट्रेनिंग सुबह 6:00 बजे से सुबह 9:00 बजे तक होती है सभी लोग अपनी ट्रेनिंग में व्यस्त होंगे ट्रेनिंग के बाद आते हैं नाश्ता खाते हैं और 10:00 या 10:10 पर अपनी ड्यूटी के लिए निकल जाते हैं। जैसा कि मुझे बताया गया था मेरे लिए हॉस्टल में रहने का इंतजाम हो गया था मैं सीधा हॉस्टल तक चल गया। अपने बारे में बताया और मुझे कमरे की चाबी मिल गई। पहला दिन पूर्ण उत्साह से भरा हुआ था मुझे अपने दो दो सहपाठियों से मिलवाया गया जो मेरे साथ मेरे कमरे में रहेंगे मैं चारों ओर घूम के हॉस्टल का मुआयना किया खाना खाने के कमरे में गया जहां पर मेरी ट्रेनिंग होगी, उस कमरे में गया मैंने अपनी वर्दी के लिए अपने शरीर का नाम भी दिया एक चौथाई कैंपस घूमने के बाद और मैडम के पास जाकर मैंने बात की और कोच से भी

मिला। शायद मैं थक गया था इसलिए खाना खाकर बहुत गहरी नींद में सो गया सुबह 5:00 बजे मेरी नींद खुली तो मैं बहुत खुश हुआ यह देखकर कि आज कितने समय के बाद मुझे सूर्य उदय देखने का मौका मिल रहा है। ऐसा नहीं था कि मुझे कभी पहले मौका नहीं मिला था पर जब भी सूर्य उदय होता था तो मैं भागकर मवेशियों का काम करने के लिए निकल जाता था। और जब से मुंबई आया हूं और नौकरी पकड़ी है रोज रात को देर से सोता था इसलिए सुबह कभी जल्दी नहीं उठ पाया। होटल की नौकरी ने मुझे आलसी इंसान बना दिया था जब मैं सुबह 8:00 या 10:00 बजे सो कर उठा था कितने दिनों के बाद में सूरज उगने की सुंदरता को देख पा रहा हूं मैं बिस्तर से उठा खुद को साफ सुथरा और ट्रेनिंग हॉल की तरफ चल पड़ा वहां कोच पहले से ही मौजूद थे और वह भी खूब उत्साहित थे मैंने उन्हें नमस्ते सर कहा कोच मुझे गुड मॉर्निंग कहां। उन्होंने मुझे कहा कि मेरी वर्दी और मेरी स्विमिंग के कपड़े अभी तक तैयार होकर नहीं आए हैं दोपहर के 3:00 बजे तक मुझे यह सब सामान मिल जाएगा। शाम को एक बार मुझे मेरे ऑफिस में मिलने आना और 3:00 बजे जाकर अपने कपड़े और कपड़े ऑफिस से जाकर ले लेना आज तुम आराम करो मुझे यह सुनकर थोड़ी उदासी हुई और मैं आज एक दिन और इंतजार करना पड़ेगा।

***

यह मेरा तीसरा दिन था छात्रावास में और सुबह 4:30 बजे ही मेरी नींद खुल गई। उठते ही मैंने अपनी वर्दी पहनी और शीशे के सामने जाकर खड़ा हो गया। मैंने खुद से कहा "मैं हूं बसया लोगों ने मुझे कई तरह के नाम दिए हैं जैसे बुद्धू, भुलक्कड़, आलसी और मनहूस, पर आज देखो मुझे खुद पर गर्व है कि मैं भारतीय सेना की वर्दी पहने खड़ा हूं"। मैं खुद को करीबन 10 मिनट तक शीशे में देखता रहा अपनी नजर नहीं हटा पाया फिर मैं सोचने लगा कि पहली बार तो नहीं है कि जीवन में एक नया बदलाव आया है पहले भी मेरे साथ कई नए बदलाव आ चुके हैं और धीरे-धीरे इस नए जीवन का भी मैं आदि हो जाऊंगा कुछ दिन लगेंगे पर मैं सब सीख जाऊंगा। यह सोचते सोचते मैंने अपना अपने स्विमिंग के वस्त्र उठाएं उनको एक बस्ते में डाला फिर से एक बार शीशे में अपनी और देखा और कमरे से बाहर निकल गया। मैं समय से पहले ही मैदान में पहुंच गया था और मेरे कोच साहब अभी तक नहीं आए थे तकरीबन 15 मिनट बाद जब मेरे कोच साहब वहां पहुंचे मैंने हाथ जोड़कर उन्हें नमस्ते कहा तो उन्होंने भी खुशी-खुशी मुस्कुराते हुए मुझे नमस्ते का जवाब दिया और कहा" आ जाओ" ,मैं उनके पीछे चल पड़ा मेरी ट्रेनिंग 5:00 बजे शुरू होनी थी पर कोच साहब 5:30 आए इसलिए थोड़ा सा समय लग गया। मिलिट्री में सुबह 5:00 से 7:00 शारीरिक परिश्रम अनिवार्य होता है जिसे सभी लोगों को करना होता है उसके बाद 7:00 से 9:00 हमें वह ट्रेनिंग दी जाती है जिसके लिए हमें चुना गया है खासतौर से। तो इसीलिए कुछ आप सबसे पहले मुझे शारीरिक ट्रेनिंग के मैदान में ले गए वहां जाकर उन्होंने मुझे नए प्रशिक्षक से मिलवाया। उसके बाद मैं सबसे आखिरी पंक्ति में जाकर खड़ा हो गया और निर्देशों का पालन करने लगा यह ट्रेनिंग तकरीबन 2 घंटे चली और अब मेरी टांगों और हाथों में बहुत दर्द होने लगा था,

मुझे 5 मिनट का समय मिला था विश्राम करने के लिए उसके बाद मुझे स्विमिंग अकैडमी जाकर कोच साहब से अपनी ट्रेनिंग शुरू करनी थी वहां पहुंचकर मैंने अपनी वर्दी उतारी और स्विमिंग के कपड़े पहन लिए कोच के कहने पर मैं पानी के अंदर कूद गया कोच साहब ने कहा, "आज तुम्हारा पहला दिन है इसीलिए तुम मुझे वह सब करके दिखाओ जो तुम्हें आता है तब पता चलेगा कि तुम्हें क्या नया सिखाना है", यह सुनकर "जी जनाब", ऐसा कह कर मैंने तैरना शुरू कर दिया सबसे पहले मैंने सिर्फ अपनी टांगों का इस्तेमाल करके तैरना करना शुरू किया हाथ नहीं चला , उसके बाद मैंने केवल दोनों हाथों से तैर कर दिखाया टांगों का इस्तेमाल नहीं किया, और तीसरे चरण में मैंने ना हाथ हिलाए ना पाऊं हिलाए पानी के बहाव से बहता गया (जिसे इंग्लिश में फ्लोटिंग कहते हैं) पीठ के बल लेट गया और पानी के बहाव से बहता गया फिर मैंने यह दिखाया कि मैं सांस रोककर कितने लंबे समय तक पानी में रह सकता हूं और पानी के अंदर फेंकी हुई भारी वस्तु भी नीचे से ला कर ऊपर आ सकता हूं यह सब देखकर कोच बोले "शाबाश बहुत अच्छा", बाहर निकल कर मैंने अपनी वर्दी पहन ली तो मुझे कोच साहब ने कहा "अब तुम जाओ कपड़े बदल लो नाश्ता खा कर दोपहर का खाना खा कर फिर से 2:00 बजे यहां आ जाना", मैंने" जी जनाब", कहा और अपना गीला स्विमिंग के वस्त्र अपने थैले में डालें वर्दी पहनी और हॉस्टल की ओर चल पड़ा कमरे में पहुंचकर मैंने अपने कपड़े बदले, मैंने स्नान, किया और अपने पुराने कमीज और पैंट पहन ली वहां से मैं कैंटीन गया मैंने अपना नाश्ता खाया कमरे में आकर मैंने अपने स्विमिंग के कपड़ों को और खास मशीन से सुखाया जिसे" ड्रायर" बोलते हैं और मुझे दी गई थी ताकि मैं अपना स्विमिंग के वस्त्र जल्द से जल्द सुखा सकूं‌ बाद मैंने अपने स्विमिंग के कपड़े धूप में रख दिए‌ मैंने देखा कि मेरे कमरे में रहने वाले अन्य लड़के अभी तक सो रही थी इसलिए बिना उन्हें परेशान किए या उनकी नींद खराब किए मैं चुपचाप कमरे से बाहर निकल आया और दरवाजा बंद कर दिया‌

मेरे दिल में आया क्यों ना पूरे कैंपस एक चक्कर लगाना चाहिए‌ तो मैं कैंपस की दूसरी ओर देखने चला गया जो मैंने अभी तक देखी नहीं थी‌ 3 दिन हो गए मुझे यहां आए पर अब तक मैंने इस सुंदर जगह की सुंदरता का पूरा ध्यान से निरीक्षण भी नहीं किया पहला दिन तो मेरा सब कागजी कार्यवाही करने में निकल गया अपने कमरे की सजावट करने में लगा‌ रहा दूसरा दिन भी वैसे ही निकला और दूसरे दिन में अपनी वर्दी और स स्विमिंग के कपड़ों को लेने में ही निकल गया अब तक मेरा समय यूं ही बीत रहा था मुझे अपना पहचान पत्र और कैंटीन में खाना खाने के लिए पहचान पत्र जमा कराना था‌ कमरे का दरवाजा धीरे से बंद करके मैं कैंपस की पूर्वी दिशा में चल पड़ा यह एक बहुत ही सुंदर कई एकड़ में फैली हुई खूबसूरत जगह थी जो सब को अपनी ओर आकर्षित करती थी‌ ठंडी हवा, चारों और हरियाली,, तरह तरह के फूल खिले हुए थे मैंने ऐसी मनमोहक जगह अपने जीवन में अभी तक नहीं देखी थी कुछ दूर चलने के बाद बगीचे के आखिरी कोने में पत्थर के बने बैठने के बेंच थे जहां बैठकर अति सुंदर बगीचे का मजा ले सकते हो‌ फूलों के ऊपर तितलियां मंडरा

रही थी और अगर हम उस बगीचे से आगे सीधे चलकर जाते तो आगे चलकर पैदल पार पथ बना हुआ था। एक फर्लांग आगे चलकर मैंने देखा वहां पर कबड्डी खेलने के लिए, वॉलीबॉल खेलने के लिए भी कोर्ट बने हुए थे। अगर मैं चलता रहता तो भी इस पूरे कैंपस को 1 दिन में नहीं देख सकता था इतना बड़ा और विशाल मिलिट्री कैंपस था। तभी मुझे कोच साहब द्वारा दिए गए निर्देश याद आए कि दोपहर का खाना खाने के बाद मुझे वापस से स्विमिंग पूल की तरफ जाना है इसलिए कैंपस का पूर्ण भ्रमण करने का कार्यक्रम मैंने अगले कुछ दिनों पर डाल दिया। मैं कैंटीन पहुंचा और वहां जाकर देखा उस समय तक कैंटीन खचाखच लोगों से भरी हुई थी हालांकि मैं चल चल के थक गया था पर मैंने सोचा कि मुझे बहुत अधिक खाना नहीं खाना चाहिए क्योंकि बहुत अधिक खाना खाने की वजह से मेरा पेट भर जाएगा और मैं अच्छी तरह से मिल नहीं कर पाऊंगा इसलिए मैंने सिर्फ दो रोटी खाई और उसके बाद मैं अपने कमरे में आ गया सुखा हुआ स्विमिंग के वस्त्र मैंने अपने थैले में डालें और स्विमिंग पूल की ओर चल पड़ा।

एक नहीं दो नहीं बल्कि पूरे 3 महीने हो गए थे मुझे यहां आए हुए। दिन भर कमरा, कैंटीन का खाना और स्विमिंग के अलावा और कुछ सोचने का समय ही नहीं मिलता था। शेफाली और सीना से इन 3 महीनों में मैं केवल दो बार ही मिल पाया था। मेरा यह सोचना गलत था कि मैं जब चाहूं उनसे मिल सकता था हम में से कोई भी कैंपस से बाहर बिना किसी ठोस कारण के नहीं जा सकता था और ना ही कोई बाहर का व्यक्ति अंदर आ सकता था पर अगर कोई खास मौका हो तो यह हम कर सकते थे। आज कल मुझे शेफाली की बहुत अधिक याद आने लगी थी उससे मिलने के लिए तरस रहा था सप्ताह में एक दिन मिलने के लिए मैं कुछ ना कुछ बहाना सोचता रहता यही नहीं मेरी ट्रेनिंग में भी रोज बदलाव आते थे और रोज नए नए तरीके मुझे सीखने को मिलते थे जो मैंने कभी सोचा नहीं था और मेरे कोच साहब भी मुझे बहुत प्रेम से और शालीनता से सब कुछ सिखा रहे थे उन्होंने मुझे- ब्रेस्टस्ट्रोक, साइड स्ट्रोक, बटरफ्लाई स्ट्रोक ,फ्रेंच स्ट्रोक ,डॉग पेडल इस तरह के कई स्विमिंग करने के तरीके सिखाएं । हर पैंतरा दूसरे से नया और अधिक चौका देने वाला था मैं हैरान होता था यह देखकर कि मैं वो इंसान हूं जो गांव के तालाब में तैर था था आज एक सशक्त और सफल तैराक बन गया है और मैं हिंदी और अंगेजी भी बोलने लगा था। आखिरकार मेरी ट्रेनिंग का पहला पड़ाव पूरा हो गया था मुझे 3 दिन की छुट्टी दी गई थी तो इसीलिए मैंने अपने 2 दिन के लिए कोच साहब से इजाजत लेकर बाहर चला गया। सबसे पहले अपने होटल गया वह जगह जिसने मुझे आश्रय दिया जब मैं मुंबई पहुंचा था पहली बार मेरा कोई भी नहीं था। पर दुर्भाग्यवश में सीना से नहीं मिल पाया क्योंकि सीना अपने गांव गया था 15 दिन के लिए तक मुझे याद है सीना ने मुझे कहा था कि वह गांव नहीं जाना चाहता तो फिर वह कहां गया है? क्या मैं सच में गांव गया है? यह सोचते सोचते शेफाली के घर की ओर चल पड़ा "शुक्र है तुम यहां रहती हो" जैसे ही मैं उसके घर के अंदर घुसा मुझे शेफाली दिखी पर वह पहले जैसी खुश नहीं नजर आई उसे उदास देखकर मैंने पूछा" क्या हुआ? तुम इतनी उदास क्यों दिख रही हो क्या बात

है?," "कुछ नहीं" शिफाली ने जवाब दिया इतने दिनों के बाद मिलने के कारण मैं बहुत ज्यादा खुश और उत्साहित था पर ऐसे लग रहा था जैसे शिफाली अपनी ही दुनिया में खोई हुई है। धीरे-धीरे वह पुरानी खुशहाल मस्त और हंसने वाले शेफाली बन रही थी हम बहुत देर तक अपने मन की बात एक दूसरे से करते रहे। मैंने उसे अपने 3 महीने के कार्यकाल और मिलिट्री की जिंदगी के बारे में बताया वह भी मुझसे लगातार बात करती रही और अपनी दिनचर्या बताती कि उसने कौन सी नई पिक्चर देखी है क्रिकेट में क्या हुआ वगैरा-वगैरा। अंधेरा होने लगा था और यह समय था जब मच्छर मक्खियां घर में घुसने लगते थे शेफाली ने मुझे कहा" तुम 2 मिनट रुको, मैं जरा खिड़कियां बंद करके आती हूं" और मच्छर की मच्छर भगाने की दवाई भी जला दी सिर्फ 2 मिनट के लिए शेफाली ने बोलना बंद किया उसकी बातें मुंबई के समुद्र से लेकर दिल्ली के इंडिया गेट तक फैली हुई थी उसने कहा और अंदर चलेगी टीवी पर चल रही है अंग्रेजी देखने लग गया।

बांध से निकलते हुए पानी को देखकर लोग निशब्द थे", वाह क्या झरना है", जो भी उस तरफ देखता यही कहता शायद लोग एक क्षण सांस लेना भी भूल जाते थे पानी का बहाव ऐसा था इतना तेज था कि चिंघाड़ते हुए हाथी की आवाज भी दबा सकता था। पानी की इस भीषण आवाज को सुनकर लोगों को ऐसा लगता था मानो हजारों बिजलियां एक साथ आकाश में कड़क रही हो पर। उस पर्यटक स्थल पर एक युगल जोड़ा था जो इस सुंदर वातावरण से अज्ञात था और अपने प्रेम में मग्न था दुनिया लोग और उस जल स्रोत से अभिन्न

वह एक प्रसिद्ध संगीतकार था उसके टक्कर का काबिल संगीतकार पूरे प्रदेश में नहीं था। वह केवल अपने प्रदेश में ही नहीं पूरी दुनिया में प्रसिद्ध था उसने अपना पूरा जीवन संगीत को समर्पित कर दिया था और नए तरीके का संगीत बनाया, पुराने जमाने की तकनीकों को नकार कर। क्या हुआ होगा इसके साथ ऐसा कि आज इतनी प्रसिद्धि पाने के बाद भी यह भीख मांगने के लिए एक वक्त का खाना खाने के लिए भीख मांगने को मजबूर है? राजा ने उसे बहुत सारा सम्मान दिया यह कहकर कि इसके जैसा दूसरा कोई नहीं है टॉम एक सैनिक था और जैक उसका पुत्र था। टॉम चाहते थे कि उनके पुत्र स्वयं उनके जैसे ही एक महान योद्धा बने इसका कारण था कि पिछले युद्ध में टॉम अपनी एक बाजू खो चुके थे इसीलिए उन्हें अपने घर का गुजर-बसर सरकार द्वारा दिया हुआ महीने भत्ते से ही चलाना पड़ता था उनका एक छोटा सा परिवार था जिसमें वह स्वयं उनकी पत्नी और एक बेटा रहते थे इसलिए सम्मान के रूप में महीना भत्ता जो सरकार उन्हें देती थी और कुछ पुश्तैनी जमीन जायदाद उनका जीवन बसर के लिए काफी थी उन्होंने युद्ध के मैदान में दुश्मन सैनिकों के सिर काटे थे जिसके कारण उन्हें "महाशुर", का नाम राजा ने स्वयं दिया था उन्हें पता था कि उनको यह भी याद नहीं कि कितने सैनिकों की उन्होंने जान ली थी कितने ही सैनिकों ने उनके सामने मृत्यु के डर से आत्मसमर्पण कर दिया था और आज आज टॉम निस्सहाय होने के कारण कई बार आत्महत्या की कोशिश कर चुके थे टॉम और उनका परिवार पूर्ण रूप से अपने राजा को समर्पित थे इसीलिए राजा से पूछे बिना टॉम आत्महत्या करने का ख्याल भी नहीं रख सकते थे इसीलिए आज आत्महत्या का ख्याल त्याग कर उन्होंने अपने पुत्र जैक को अपने युद्ध कला सिखाने का फैसला किया वे चाहते थे कि उनका पुत्र एक बेहद सफल और कुशाग्र सैनिक बने और मैं उन्हें राजा के सामने पेश करें पर जैसा कहते हैं कि होता वही

है जो परमात्मा ने रचा हुआ है हम इंसानों के सोचने से कुछ नहीं होता। जैक अपने पिता से भिन्न था युद्ध और युद्ध की नीतियों से कोसों दूर रहना चाहता था और जब से जैक को यह पता चला कि उसके पिता युद्ध के दौरान अपना एक हाथ गंवा चुके हैं उसे युद्ध और लड़ाई से और भी नफरत हो गई थी और उधर टॉम को अपने पुत्र के प्रति नाराजगी और गुस्सा जागृत होने लगा था क्योंकि उसे लग रहा था कि उसका बेटा उसे धोखा दे रहा है क्योंकि वह युद्ध से घृणा करता है क्योंकि वह पिता था फिर भी अपने पुत्र से प्रेम करता था और उनके दिल में कहीं ना कहीं आस थी कि शायद 1 दिन जैक युद्ध करना और युद्ध कला सीखना स्वीकार कर लेते धीरे-धीरे टॉम को यह लगने लगा कि उसके पुत्र ने उसका जीवन खराब कर दिया है उसकी इच्छाओं को कि जैक युद्ध कला सीखे और एक योद्धा बने हालांकि जैक घर में खाना और घर का ख्याल रखने की पूरी कोशिश करता था पर शहर में कोई उसकी मदद नहीं करता था क्योंकि सब टॉम के गुस्से से डरते थे सब यह जानते थे कि टॉम ने जैक को घर से निकाल दिया है इसीलिए लोगों ने सोचा कि चलो और कुछ नहीं तो ऐसे दो वक्त का खाना ही दे देते हैं इसके अलावा किसी रूप में लोग उसकी मदद नहीं करना चाहते थे और अगर जैक भूखा मर भी जाता तो राजा के सामने कोई उसका नाम भी नहीं लेगा 1 इसीलिए लोग केवल उसे खाना ही देते भीख के रूप में राजा और राजा भी नाराज नहीं होते। टॉम बहुत दुखी था यह सोच कर कि उसका बेटा इतने बुरे हाल में है और आज लोग भीख में खाना दे रहे हैं धीरे-धीरे टॉम और भी अधिक दुखी होता गया नहीं जानता था कि यह सब उसके ऊपर इतना हावी हो जाएगा और 1 दिन टॉम की मृत्यु हो गई और जैक एक अनाथ और इन सब के पीछे एक ही कारण था और वह था जैक का म्यूजिक के प्रति संगीत के प्रति प्रेम। जैक का अपने पिता के साथ दुश्मनी और गुस्सा और भी अधिक बढ़ गया जब टॉम ने उसे घर से निकाल दिया। जैक अक्सर सोचता मेरी क्या गलती थी? अगर मेरे पिता को लड़ाई लड़ने का शौक था तो मुझे उनके बदले योद्धा बनने की क्या जरूरत है? जरूरी नहीं कि अगर राजा का बेटा राजा में बनता है तो एक सैनिक के बेटे को भी सैनिक ही बनना है अगर राजा का बेटा राजा नहीं बनता तो लोग उनका मजाक बनाते हैं पर ऐसा जोधा के साथ में योद्धा के साथ नहीं है एक व्यापारी का बेटा कलाकार बन सकता है। एक चोर का बेटा नृत्य करने का वाला कलाकार क्यों नहीं बन सकता ?व्यवसाय हमें पुश्तैनी जायदाद की तरह मिल सकती है पर हमारे शौक तो हमारे निजी होते हैं और उन्हें हम अपनी स्वेच्छा से पूरा कर सकते हैं जैक सोचता था मैं जरूर कुछ ऐसा कर दिखाऊंगा कि जो राजा दिन रात मेरे पिता की तारीफें करता रहता है एक दिन मुझे भी प्रेरणा और प्रशंसा का पात्र बनाएगा क्योंकि मैं संगीत जगत में जरूर कुछ ऐसा कर दिखाऊंगा कि राजा को मेरी प्रशंसा करनी ही पड़ेगी और वह मुझे भी एक महान संगीतकार होने के कारण सम्मानित करेंगे। हालांकि राजा मेरे पिता को बहुत सम्मान कर देते थे पर मेरे पिता उस स्थान पर थे कि वह केवल हाथ जोड़कर शीश झुकाकर राजा के सामने खड़े रहते थे जबकि दरबार के अन्य कलाकार जैसे संगीतकार, कवि, हास्य, कलाकार, जादूगर और मूर्तिकार सबको राजा के सामने बैठने की इजाजत मिलती थी। राजा

यह कहता था कि संगीतकार, कथावाचक और मूर्तिकार उनके राज्य के रत्न है। पर वो ऐसी बात कभी किसी युद्ध के लिए नहीं कहते थे जाहिर सी बात है कि संगीत राजा के जीवन में सुख शांति लेकर आता था पर युद्ध केवल दुख और परेशानियां ही लेकर आता था बेहद मारकाट और और सैनिकों की जान का नुकसान ही देखने को मिलता था। इन रत्नों में से एक रतन बनने की इच्छा ने जैक को जैक को संगीतकार बनने की प्रेरणा दी जैक को संगीत से इतना प्रेम था कि वह संगीत सपने को पूरा करने के लिए भीख तक मांगने को तैयार था। जैक अपना समय बर्बाद नहीं करता था जगह-जगह घूमता था और बड़े-बड़े संगीतकारों से मिलता था और हर पल कुछ न कुछ सीखता था उसने हजारों ऐसी जगह है और हजारों ऐसे प्रसिद्ध लोगों से जान पहचान बनाई थी जिसकी वजह से उसकी संगीत से संबंधित जानकारी अभूतपूर्व थी राजा जैक की संगीत की इन उपलब्धियों से बहुत प्रभावित था पर वह नहीं जानता था कि यह सब एक दिन जैक और टॉम के परिवार को पूरी तरह से नष्ट कर देगा।

"हेलो मेरा नाम कैथरीन है मैं एक अनाथ हूं और मैं एक चर्च में रहती हूं चर्च ही मेरा घर है तुम्हारा संगीत बहुत ही मंत्र मुक्त करने वाला है मैं तुम्हारी प्रशंसक बन गई हूं। मैं कई दिनों से देख रही हूं कि तुम रोज यहां आते हो पक्षियों की आवाज के साथ अपने संगीत की लय और ताल बिठाते हो इसलिए मैं तुमसे मिलना चाहती थी" "और मैं आज मिलने 1 गई फिर किसी दिन मिलेंगे अच्छा बाय" ऐसा कहकर कैथरिन 2 मिनट के अंदर ही गायब हो गई। जवानी की दहलीज पर कदम रखने वाले जैक के लिए कैथरीन के शब्द शहद से कानों में खुल गए हो बातें ही नहीं देखने में कैथरीन बहुत खूबसूरत थी एक अप्सरा जैसी। जैक बहुत खुश था इतने समय के बाद उसे एक प्रशंसक मिला जैक यह सोचकर बहुत हर्षित हो रहा था कि चलो किसी को तो मेरा संगीत पसंद है जैसे जैसे समय बीतने लगा जैक अपने राज्य में अपनी संगीत कला के कारण प्रसिद्ध होने लगा था राजा भी उसका संगीत सुनना पसंद करता था कोई भी समारोह या शादी हो शहर में ऐसा हो ही नहीं सकता था कि जैक वहां अपने संगीत का प्रदर्शन करने ना गया हो जैसे-जैसे जैक का संगीत प्रसिद्ध हो रहा था बुलंदियों को छू रहा था वैसे ही धीरे-धीरे जैक और कैथरीन का प्रेम भी परवान चल रहा था। वे दोनों अक्सर झरने के पास शाम के समय मिला करते थे हफ्ते में एक बार। झरने के कल कल बहते पानी में और जैक के मंत्रमुग्ध कर देने वाले संगीत को सुनते सुनते कैथरीन अक्सर खो जाती थी और उन्हें क्या पता था कि ऐसे मंत्रमुग्ध कर देने वाले माहौल में उनके साथ एक अप्रिय और दुखद घटना घटने वाली है। झरने का पानी अपनी सतह से ऊपर बहने लगा था और चारों तरफ फैल गया था उस पानी में तैर कर किनारे तक पहुंचना नामुमकिन था और और वहां रुकना मौत को निमंत्रण देने के बराबर था जैक सोचने लगा कि कैसे इतना पानी का बहाव बढ़ गया जबकि वहां बारिश हुई नहीं हुई थी जैक सोचने लगा कि यहां से कैसे निकला जाए? कैसे वह कैथरीन को बचाएं? इस पानी के तेज बहाव को केवल 5 मिनट ही लगेंगे इन दोनों को अपने अंदर समाने में अगर वे दोनों तैरने की भी कोशिश करते तब भी उन दोनों के लिए किनारे तक सही

सलामत पहुंचना नामुमकिन था1, "मुझे माफ कर दो", ऐसा कह कर कैथरीन ने जैक को गले लगा लिया उसकी आंखों से झर झर आंसू बहने लगे और वह रोते-रोते कहने लगी" मुझे माफ कर दो जैक मेरी वजह से आज तुम्हारी जान को भी खतरा हो गया है", कैथरीन को चूमते हुए जैक ने कहा" पागल हो क्या" ?, जैक ने अनुमान लगाया" शायद कर्मचारियों ने बांध का दरवाजा खोल दिया है जिसकी वजह से पानी का बहाव 100 गुना अधिक तीव्र हो गया है तुम कैसे इसके लिए जिम्मेदार तुम कैसे खुद को इसके लिए जिम्मेदार ठहरा सकती हो", घुटनों तक पानी चढ़ाया था और वहां से निकलना असंभव लग रहा था दोनों ने एक साथ मरने का फैसला किया सब कुछ भूल कर दुख और तनाव को भूलकर भी दोनों वह दोनों एक दूसरे को चूमने लगे अपना रोना रोकर कैथरीन ने एक बार फिर कहा "मुझे माफ कर दो जान मैंने तुमसे झूठ बोला है" झूठ बोला है? वह क्या? जैक ने पूछा1 कैथरीन को पकड़ते हुए क्योंकि पानी धीरे-धीरे बढ़ रहा था कैथरीन ने कहा, "तुमने ठीक कहा था कि राजा हमारे प्रेम को कभी स्वीकार नहीं करेंगे शायद इसीलिए हम दोनों को यहां देखकर उन्होंने बांध के दरवाजे खुलवा दिए क्या तुम जानना चाहते हो मैंने तुमसे क्या झूठ बोला ?तो सुनो मैं तुमसे किसी भी कीमत पर दोस्ती करना चाहती थी इसीलिए मैंने तुमसे झूठ कहा कि मैं एक अनाथ हूं मुझे डर था कि अगर मैं अपनी सच्चाई बताऊंगी तो तुम मुझसे दोस्ती नहीं करोगे मुझे माफ कर दो" पानी में खड़े रहकर खुद को संभालते हुए कैथरीन ने कहा(अब पानी उनकी गर्दन तक पहुंच गया था) कैथरीन की बात सुनकर जैक बेहद हैरान और परेशान हो गया किसी तरह खुद को गर्दन तक आए हुए पानी में संभालते हुए जैक ने कहा इस सब का राजा से क्या लेना देना है? हमारे प्रेम संबंध का राजा से क्या संबंध है? मुझे कुछ समझ नहीं आ रहा बहुत मुश्किल से खुद को पानी से गर्दन तक आए हुए पानी से ऊपर उठकर कैथरीन ने कहा" मैं अनाथ नहीं हूं मैं इस मैं इस राज्य की राजकुमारी हूं वह मेरे पिता है प्लीज मुझे माफ कर दो मुझे तुमसे झूठ नहीं कहना चाहिए था", "यह सब बातें जरूर झूठी है पर मेरा प्रेम तुम्हारे लिए सच्चा है यह कहकर कैटरीना जैक को गले लगा लिया और दोनों पानी में समा गए1

***

"क्या सर, लगता है आप तो किसी दुनिया में खो गए हैं? कृपया करके वापस इस दुनिया में आए "1 कुछ क्षणों के लिए मैं सकते में आ गया था मैंने कहा1 " यह किस तरह का प्यार था"? मेरे पास शेफाली के सवाल का जवाब नहीं था मैं एक भी शब्द नहीं बोल पाया फिल्म देख कर हम दोनों हैरान थे कि कैसे कैथरीन का प्रेम इतना विशाल था कि उसने अपनी सच्चाई छुपाई जैक से ताकि वह उसका प्रेम हासिल कर सके1 हालांकि फिल्म को समाप्त हुए काफी समय हो गया था पर उस फिल्म ने मेरे अंतर्मन में एक अमिट छाप छोड़ दी थी और मैं आसानी से उस फिल्म को अपने दिमाग से नहीं निकाल पा रहा था जब भी मैं आंखें बंद करता मेरी आंखों के सामने जैक और कैथरीन का चेहरा आता1 "हेलो" ऐसे बोलते हुए शेफाली ने मुझे जोर से हिलाया और कहा कि अब इस बारे में सोचना बंद करो और वापस अपनी दुनिया में आ जाओ तो मैंने कहा " शेफाली मैं पिक्चर देख रहा था अंग्रेजी फिल्म देख

रहा था उसको देखते देखते उसमें ही खो गया इस फिल्म में हीरोइन हीरो से इतना अधिक प्रेम करती थी कि वह हीरो के साथ ही मर गई"1 " हां हां तुम फिल्मों की प्रेम कहानियां ही समझो असल जिंदगी की प्रेम कहानियां तुम्हें कहां समझ में आती हैं", ऐसा कह कर मुझे चिड़ाने लगी मैंने शेफाली से पूछा "सच्ची प्रेम कहानी क्या होती है"? शेफाली ने कहा "मेरे साथ आओ ,सही समय आने पर मैं तुम्हें समझा दूंगी"1 मुस्कुराती हुई वह मुझे बरामदे में ले गई1 मैंने शिफाली से कहा "तुम तो कह रही थी मैं तुरंत ही वापस आती हूं पर तुम बहुत देर के बाद अंदर से वापस आए हो क्या कर रही थी इतनी देर से", तो शिफाली ने जवाब दिया "इतने आज समय के बाद फिर से मिली हो इसलिए तुम्हारे लिए एक छोटी सी दावत का इंतजाम कर रही थी, आओ कुछ खाते पीते हैं", "वाह! इतने कम समय में भी शिफाली ने मेरे लिए 3 तरह के खाने के व्यंजन बनाए थे पता नहीं उसने यह स्वयं बनाया था या होटल से लगाए थे?! वहां दो वाइन की बोतल और दो गिलास भी थे और कुछ शरबत भी था जो सब टेबल पर सजा कर रखा हुआ था मैंने कहा," सॉरी शेफाली हालांकि मैं एक शराब की दुकान में काम करता था पर मुझे अभी तक शराब पीने की आदत नहीं हुई है", यह सुनकर वह बच्चों की तरह हंसने लगी और बोली "हेलो सर, मुझे पता है यह वाइन मेरे लिए है तुम्हारे लिए नहीं टेबल के उस कोने पर जो शरबत रखा है वह तुम्हारे लिए है", फिर मैंने पूछा "क्या हुआ तुमने अचानक से वाइन पीना शुरू कर दिया"? "ओ हो! तो क्या तुम्हें मेरे पसंदीदा फ्रेंड का नाम भी पता है?, नहीं नहीं ऐसा कुछ नहीं है1 आज कल मुझे वाइन सबसे अधिक पसंद आती है और कुछ नहीं वह भी घर में बनी हुई यह हम पुडुचेरी से लेकर आए थे बहुत दिनों से इसे हाथ भी नहीं लगाया 1 अब आज तुम आए हो तो चलो जश्न मनाते हैं और पार्टी करते हैं"1 बहुत देर तक एक लंबी खामोशी हम दोनों के बीच बनी रहे हम में से कोई भी बात नहीं कर रहा था यह खामोशी हजारों शब्दों से अधिक मायने रखती थी मैंने एहसास किया इंसान को अपने आप को ढूंढना चाहिए दिल को या गहरे समुद्र में गोते लगाने की बजाए अपने अंदर झांकना चाहिए अपनी आत्मा से एक संबंध बनाना चाहिए हम इंसान को हमें अपनी अपने शरीर अपनी आत्मा से एक संबंध बनाना चाहिए जैसे दिल की धड़कन समझनी चाहिए, मंदिरों की घंटियां, तूफान, बिजली और कुदरत से संबंधित हर चीज से संबंध बनाना चाहिए और सुनना की कोशिश करनी चाहिए हम सबको कभी ना कभी ऐसे अपने अंतर्मन में और कुदरत की सुंदरता में खो जाना चाहिए1 जीवन में एक बार कभी-कभी ऐसे मूर्ख हो कर चुप रह कर शांत रहकर भी बैठना1 चाहिए स्वयं को खोजने की यह एक शुरुआत होती है जो अति खूबसूरत होती है हमें अपने शरीर को और अपने अंतर्मन को आजाद छोड़ देना चाहिए हम चाहे जिस दिशा में जाए जो भी सोचे जैसे नीले आकाश में पक्षी स्वतंत्र होकर उड़ते हैं हमें अपने मन को और शरीर को स्वतंत्र छोड़ देना चाहिए बस में नहीं रखना चाहिए दिमाग से हर तरह की गंदगी निकाल कर उसे स्वच्छ और साफ कर लेना चाहिए 1 यह एक बहुत ही अंतर्मुखी प्रज्वलित खुशाल मन और आत्मा का प्रतीक होता है1 ऐसी आंतरिक समय पर हमें कुदरत से जुड़ी हर चीज को अपने अंदर समा लेना चाहिए जैसे समुद्र का शांत स्वभाव किनारे तक

आती हुई लहरें यह सब देखकर इंसान को इन सब खूबसूरती को कुदरत की दैन को अपने अंदर समा कर बहुत बौद्धिक एहसास करना चाहिए उस समय मैं और शेफाली भी इस तरह का एक बहुत बौद्धिक सुख महसूस कर रहे थे शेफाली अपने भविष्य के बारे में सोच रही थी और मैं अपना भूतकाल को भुलाने की कोशिश कर रहा था।

खामोशी को चीरते हुए मुझे यह शब्द सुनाई दिए "आई लव यू द।" एक तरफ मैं एक अजीब सा दर्द महसूस कर रहा था जो मुझे तक किसी की तरफ खींचे जाने की वजह से महसूस होता है और दूसरी तरफ वह खुशी जो भगवान ने मेरे सामने परोस दी। मुझे समझ नहीं आया मेरे साथ क्या हो रहा है मेरे अंतर्मन में एक अजीब सा द्वंद चल रहा था इन दो हालात में एक तरफ खुशी एक तरफ दर्द ,"मैं तुम्हें बता रही हूं कि मैं तुमसे प्रेम करती हूं", शिफाली के यह शब्द सुनकर मैंने अपने आप को होश में आते हुए पाया हमने दावत अभी शुरू ही की थी और शिफाली के इन दो शब्दों ने उस खूबसूरत खामोशी को तोड़ दिया उसे फिर से कहा "अरे मैंने तुम से ही यह बात कही है", और 2 मिनट मैं ही मेरा खोया हुआ ध्यान वापस शिफाली की ओर मुड़ गया शिफाली फिर से बोली, "तुम्हें क्या लग रहा है मैं नशे में यह सब बातें कह रही हूं? तुम जानते हो कि मैं कितनी शराब पी सकती हूं, मैं बिल्कुल होश में तुमसे बात कर रही हूं। तुम एक अनाथ हो और मैं भी सब कुछ होते हुए भी मैं खुद को अनाथ ही समझती हूं मेरे माता-पिता केवल नाम के माता-पिता है ना मुझे उनसे प्रेम मिलता है ना किसी तरह का दुलार और मेरे दोस्तों को तो तुम जानते हो अगर मैं पैसा खर्च करूं या दावत दूं और तभी मेरे पास आते हैं वरना तो पूछते भी नहीं कि मैं जिंदा हूं या मर गई। मेरी एक बहुत ही उदास और अकेले जिंदगी है तुम ही एक ऐसे इंसान हो जो बिना किसी मतलब के और दिल से मुझसे प्रेम करता। हैं और तुम पिक्चर तुम फिल्म वाली लड़की कैथरीन की क्या बात करते हो? मेरे दिल में तुम्हारे लिए उस से 10 गुना अधिक प्रेम है। मुझे नहीं पता तुम्हारे पास क्या है और क्या नहीं और मुझे उससे कोई फर्क नहीं पड़ता तुम्हारा दिमाग एक मासूम बच्चे जैसा है हां मेरे लिए यही काफी है इसलिए मुझे तुम पसंद हो मैं बहुत समय से तुमसे यह बात करना चाहती थी कि मैं तुमसे प्रेम करती हूं पर डरती थी कि कहीं यह बात सुनकर तुम मुझसे दूरी ना ढ़ा बढ़ा लो इसीलिए मैं अब तक अपने मन पर और अपनी भावनाओं पर नियंत्रण रखे हुए थे । क्योंकि मुझे लगता था कि कहीं यह ना हो मेरी वजह से तुम्हारा भारतीय सेना में जाने का सपना टूट जाए आज मैं तुमसे तीन या चार महीने बाद मिली हूं अब तक मैं चुप थी पर आज तुम्हें अचानक देखकर मैं खुद को रोक नहीं पाई और मैंने सोचा कि अपने मन की बात में बता दो और अब मेरा मन शांत और खुश है । मैं तुम्हारे साथ अपनी आखिरी सांस तक जीवन बिताना चाहती हूं प्लीज मुझे ना मत कहना मैंने बड़ी हिम्मत जुटाकर बड़ी बेशर्मी से तुमसे यह बात कह दी है मेरे लिए अब तुम्हारे बिना यह जीवन जीना कठिन हो रहा है" यह कहकर शेफाली ने मुझे गले से लगा लिया सब सुन कर मेरा दिमाग चकरा गया मुझे कुछ भी नहीं समझ में आया इससे पहले कि मैं कुछ समझ सकता मैंने अपने हाथों से शिफाली को पकड़ लिया और गले लगा लिया, "मैं भी तुमसे प्रेम

करता हूं", यह सब शब्द अपने आप ही मेरे मुंह से निकल पड़े जैसे कि कैथरीन की फिल्में मैंने देखा था फिर मेरे मन ने सवाल उठाया शिफाली और बसया की प्रेम कहानी का अंत भी जैक और कैथरीन की कहानी की तरह एक दुखद अंत में जाकर रुकेगी ?कौन जाने आगे क्या होगा?

बहुत उत्साह है शिफाली बोली "बसया और शिफाली दोनों एक दूसरे से विपरीत हैं, देश के दो अलग-अलग कोनों से कैसे एक साथ आ गए तुम कर्नाटका से और मैं मुंबई से कितनी हैरानी की बात है", " हां है तो हैरानी की बात और साथ में विचित्र भी है कैसे भाग्य मुझे एक जगह से उठाकर यहां ले आया और प्रेम के पिंजरे में कैद कर दिया", मैंने कहा। पता नहीं कितनी देर तक हम दोनों आपस में बातचीत करते रहे हमने एक दो रोटी भी खाई और चावल भी, बात करते रहे फिर मैंने कहा, "अच्छा बहुत देर हो गई है अब मैं चलता हूं" तो शिफाली ले ने पूछा "कहा?" कि मैंने बताया मैं वापस हॉस्टल जाऊंगा इससे पहले कि मैं निकलता मुझे एहसास हुआ कि इस समय में वापस अपने हॉस्टल नहीं जा सकता और वैसे भी मैं 3 दिन की छुट्टी लेकर आया हूं तो आधी रात को मैं कहां जाऊंगा मैंने सोचा चलो वापस उसी होटल चला जाऊं जहां मैं काम करता था पर वह अब सीना नहीं था इतने में शिफाली बोली "हेलो, क्या सोच रहे हो"? तो मैंने कहा" मैं सोचा रहा हूं मैं सोने के लिए कहां जाऊं"? यह सुनकर शिफाली ने बोला " शिफाली तुम मेरे साथ नहीं सो जाओ यह बात मुझे कुछ अजीब सी लगी। इससे आगे से शिफाली बोल "क्यों यहां क्यों नहीं सो सकते ? क्या यह तुम्हारा घर नहीं है?" , तो मैंने कहा "नहीं नहीं ऐसा नहीं है पर यह सब बहुत अजीब सा लगता है क्योंकि केवल हम दोनों ही इस घर में अकेले हैं मैंने हिचकिचाहट से कहा "ओह ऐसी बात है? मैं तो तुम पर पूरा भरोसा करती हूं तुम एक अच्छे लड़के हो", उसने मुझ में विश्वास दिखाया तो मैंने मजाक करते हुए कहा "नहीं नहीं ऐसी कोई बात नहीं है मुझे भी तुम पर भरोसा है पर मुझे यह डर है अगर मुझे या मेरे साथ कुछ गलत हो गया तो"? यह बात सुनकर हम दोनों जोर से हंस पड़े शिफाली मेरे नजदीक आए मेरी गर्दन को हाथ अपने दोनों हाथों में लेकर बोली " मैं तुम्हें एक बात बताती हूं हम दोनों प्रेमी है हालांकि हमने अभी-अभी एक दूसरे को अपने दिल की बात बताई है और हम दोनों जानते हैं कि बहुत समय से हम एक दूसरे मन ही मन बहुत समय से प्रेम करते हैं।

"जैक और कैथरीन भी तो प्रेमी ही थे उन्होंने शादी नहीं की थी, शादी तो केवल बाहरी दुनिया के लिए है वह दिल में और मन से एक शादीशुदा जोड़े के जैसे ही था। उन दोनों ने मन ही मन एक दूसरे से विवाह तो कर ही लिया था और जहां तक रहा सवाल शादी का मैं शादी में विश्वास नहीं करती । शादी और गठबंधन केवल दुनिया का एक रीति रिवाज है अगर दो दिल एक दूसरे को प्रेम करते हैं और समझते हैं और अपनाते हैं तो उसे शादी की समझ लेना चाहिए विवाह केवल एक मानसिक रिवाज है। क्या तुमने दुष्यंत और शकुंतला की प्रेम की कहानी सुनी है? क्या तुम गंधर्व विवाह के बारे में जानते हो? हम क्यों अपने लिए गंधर्व विवाह के बारे में नहीं सोचते? देखो मैं एक खुले विचार की लड़की हूं मैंने तुम्हें अपने

पिछले प्रेम के अनुभव और अपने प्रेमी के बारे में सब बता दिया है तुमसे मैंने कुछ भी नहीं छुपाया है और मैं चाहती हूं कि तुम भी मुझसे कुछ ना छुपाओ क्योंकि मैंने पहले अपने मन की बात कही तुम यह मत सोचना कि इन सब के पीछे मेरा कोई गुप्त मकसद है जरूरी नहीं कि मैं तुमसे प्रेम करो तो तुम्हें भी मुझसे प्रेम करना है, सच बताओ मैं अपना पूरा जीवन तुम्हारे साथ इसी तरह व्यतीत कर सकती हूं1 तुम माने या ना मानो मैं मन में मन ही मन तुमसे शादी कर चुकी हूं और जिस घड़ी तुमने मुझसे अपनी प्रेम का इजहार किया था उसी समय मैंने स्वयं को तुम्हारी पत्नी मान गया था 1 और अगर तुम रीति रिवाज मानते हो और मुझे गठबंधन रीति रिवाज के तरीके से करना चाहते हो तो तुम अभी इसी वक्त यीशु की फोटो मुझ से बांध दो गठबंधन कर लो शायद अब तुम्हें तसल्ली होगी हम समाज के पुराने घिसे पीटे रीति-रिवाजों की चिंता क्यों करें समाज और रीति रिवाज तुम्हें भूख से मर रहे होते वह तुम्हें एक लाश समझ के एक अनाथ लाश समझकर मुंसिपल कारपोरेशन की गाड़ी में फेंक देते और अगर तुम भारतीय सेना की काम करते समय शहीद हो गए तो यह समाज तुम्हें एक शहीद का दर्जा देकर इज्जत देगा1 तो अगर हम मन ही मन एक दूसरे से विवाह कर चुके हैं तो हम समाज के रीति रिवाजों की परवाह क्यों करें यह तुम्हारी मर्जी है तुम चाहो तो इसी समय यीशु को साक्षी मानकर मुझे विवाह कर सकते हो मुझे कोई दिक्कत नहीं"1 तो मैंने बोला ,"चाहे तुम पसंद करो या ना करो जब हम समाज में रहते हैं तो हमें इस समाज के रीति-रिवाजों को मानना अनिवार्य हो जाता है उदाहरण के तौर पर कल को तुम मेरे मिलिट्री ऑफिस नहीं आ सकती और मेरा विवाहित होने का कोई प्रमाण भी नहीं होगा 1 वे लोग मुझसे विवाह का प्रमाण मांगेंगे कोई एक तस्वीर या शादी का सर्टिफिकेट रजिस्टर होना बहुत जरूरी है 1 यह इस समाज की सच्चाई है" "ठीक है, बोली चलो ठीक है अब अगली बार जब पिताजी आएंगे मैं उन्हें बताऊंगी तुम उनके सामने मुझे गठबंधन कर लेना यह काम भी हम पूरा कर देंगे", शिफाली मुस्कुराती हुई अंदर चली गई शिफाली इसी तरह की साफ-सुथरी सीधी सी बात करती है उसका दिमाग भी ऐसा है पूरी तरह से स्वच्छ मैंने यीशु के मुस्कुराते हुए चेहरे को देखा उन्हीं के साथ में साईं बाबा और श्री कृष्ण की तस्वीर देखी मैं पूरी तरह से शिफाली के जीवन शैली और सोच से बहुत प्रभावित हूं सही कहती है यह सब हमारे दिमाग में है1 ईश्वर को साक्षी मान जो भी काम करें गलत नहीं होगा हमें यह शादी की तामझाम और गठबंधन करने की क्या जरूरत है यह सोचता सोचता मैं भी अंदर चला गया1 अंदर जाकर मैंने देखा शिफाली शांत और आनंद से बिस्तर पर लेटी हुई थी अपने मन की सारी बातें बता कर वह अब बहुत खुश थी मैं बैठा बैठा सोचता रहा क्या यह एक सच्चाई है यह सिर्फ एक सपने हैं मुझे अपने जीवन में एक नई दिशा और एक नया मतलब मिल गया है1 शिफाली अब मेरी है और आज से मेरी ही रहेगी एक समय था जब मैं अपने जीवन में यह सोचता था कि मैं किसके लिए जीवित रहा हूं ? शिफाली मेरे उस सवाल का जवाब बन के आई है मैं अब से शिफाली के लिए जीवित रहूंगा उसके सपने मेरे सपने हैं मैं उसको इतना प्रेम दूंगा कि उसे आजीवन कभी एक आंसू भी नहीं बनाना पड़ेगा चाहे मुझे अपनी जान देनी

पड़े," हेलो मेरे प्यारे पति क्या तुम्हें सोना नहीं है L? उसने मुझसे पूछा "नहीं" शिफाली बोली, "हां मैं जानती हूं पर मेरे पास आओ तुम्हें नींद आ जाएगी", उसे मुझे अपनी और खींचा और जोर से आलिंगन कर लिया मैं उसके कंधे और उसके शरीर का बंधक बन गया था। इससे पहले से शिफाली मुझे कभी इतनी खूबसूरत नहीं लगी यह सच है कि वह बहुत ज्यादा सुंदर नहीं थी पर सुंदर जरूर थी। पर आज नीले रंग के बल्ब की रोशनी में अप्सरा जैसी खूबसूरत लग रही थी उसके चेहरे की शांति ने उसकी खूबसूरती को और अधिक बना दिया था उसके हल्के गुलाबी रंग के कपड़ों ने उसकी शरीर की सुंदरता को बढ़ा दिया था, वाह शिफाली किसी अप्सरा से कम नहीं थी बल्कि रोशनी उसके कपड़ों पर पड़ रही थी और उसके सुंदर शरीर की रूपरेखा दिखा रहे थे उसके खूबसूरत शरीर को देख कर मेरा दिमाग विचलित होने लगा था।

***

एक स्त्री के कि शरीर की बनावट जिस तरह होनी चाहिए शिफाली का बदन बिल्कुल उस मापदंड में खरा उतर रहा था। उसकी सांसे तेज हो रही थी और वह उसके शरीर की सुंदरता को और भी बढ़ा रहे थे क्योंकि सांसों के साथ उसका शरीर भी थरथरा रहा था। उसके सुंदर रेशमी बालपंखे की हवा में लहरा रहे थे और गालों को चूम रहे थे उसके होठों पर लगी गुलाबी लिपस्टिक बहुत अधिक आकर्षक लग रही थी और उसके कानों में हीरे जड़े कर्णफूल एक इंद्रधनुष फैला रहे थे उस रोशनी में उसके नाक में कोका उसकी सुंदरता को चार चांद लगा रहा था ऐसा लग रहा था मानो कुदरत बारिश में भीग कर और भी सुंदर हो गई। मैं मोमबत्ती की तरह उसकी सुंदरता में पिघलना नहीं चाहता था इसलिए मैंने अपना ध्यान वहां से हटा दिया। वह नींद में थी और उसने मुझे अपने गले से लगा लिया और मेरे मन के भाव भी उससे लिपट गए मैंने उसे अपनी तरफ खींचा और चूमने लगा। उसके बालों से आ रही शैंपू की खुशबू मुझे मदमस्त कर रही थी शिफाली के शरीर के साथ मेरे शरीर की छुअन मुझे उत्तेजित कर रही थी बिना जाने मेरे हाथ उसके शरीर को महसूस कर रहे थे। हम दोनों पूरी तरह एक दूसरे की आगोश में थे मानो कामदेव के तीर हम घायल हो गए हो। हमारी शादी तो नहीं हुई थी पर अब हम पति-पत्नी की तरह महसूस कर रहे थे , हमारी सुहागरात तो नहीं हुई पर यह सुहागरात से कम नहीं थी 3 दिन ऐसे ही निकल गए मैं और भी अधिक अपने जीवन को लेकर उत्साहित होने लगा। मेरी पत्नी, मेरा घर, मेरा परिवार ,और अब शिफाली मुझे अपनी पत्नी जैसी लगने लगी थी उसने इन 3 दिनों में मुझे बहुत अधिक प्रेम और दुलार दिया था जो एक पत्नी अपने पति को देती है पूरा दिन हम खाते ,पीते रहते ,खुश रहते और प्रेमा करते । मेरी छुट्टी अंत हो गया और मुझे शिफाली को छोड़कर अपने हॉस्टल जाना था मुझे नहीं पता था मैं दोबारा कब शिफाली से मिलूंगा और शैफाली ने रोते-रोते मुझे विदा किया और मेरा ऑटो रिक्शा मिलिट्री कैंप की ओर चल पड़ा। " मैंने आज तक इतना अच्छा तैराक अपने जीवन में नहीं देखा इसे आर्मी में रखने की बजाय हमें ओलंपिक्स में भेजने की तैयारी करनी चाहिए यह हमारे देश के लिए गोल्ड मेडल जरूर लेकर आएगा ",मेरे ट्रेनर ने कहा अगले 2 महीने मुझे केवल अपनी ट्रेनिंग पर ही ध्यान देना था स्विमिंग करते समय मेरा पूरा ध्यान

केवल स्विमिंग करने में ही होता था मैं आसपास की दुनिया को भूल जाता था। जब भी मुझे मौका मिलता सुबह, दोपहर या शाम में स्विमिंग करने पहुंच जाता मेरा कभी भी स्विमिंग से मन नहीं उठता था। अब तो ऐसा लगने लगा था कि मेरी स्विमिंग की तकनीक से मेरे ट्रेनर भी कुछ कुछ नया सीख रहे हैं हमारे कैंपस के अंत में बना हुआ टेलीफोन बूथ मेरे और शिफाली के बीच की एक कड़ी थी हम एक दूसरे से शाम को जरुर बात करते थे जब भी मैं उसे अपनी ट्रेनिंग के बारे में बताता शिफाली बहुत खुश होती थी और अब केवल एक महीने की ही ट्रेनिंग बची थी और उसके बाद मैं एक सैनिक बन जाऊंगा यह सुनकर शिफाली खुशी से कूद पड़ी। हैउसने मुझे यह भी बताया कि उसने अपने पिताजी को हमारे बारे में बता दिया है हालांकि शुरू शुरू में उसके पिताजी ने मुझे स्वीकार नहीं किया पर धीरे-धीरे शिफाली के समझाने पर वह मान गए।

***

आखिरकार शिफाली के पिताजी ने हमारी शादी को स्वीकृति दे दी शिफाली के साथ विवाह के ख्याल से ही मैं रोमांचित होता था यह सोच कर कि ट्रेनिंग खत्म होते ही मैं अपना एक परिवार बना लूंगा शिफाली से शादी कर लूंगा। मैं अति उत्साहित हो गया था ना जाने कितनी बार 1 दिन में हम एक दूसरे को "आई लव यू", बोलते थे आज यह मेरे जीवन का सबसे सुखदाई समय था शिफाली के जबसे मुझे बताया था मुझे लगा कि मैं सितारों के जहान में पहुंच गया हूं यह सब सुनने के बाद मुझे एक बार फिर से उससे मिलने की तीव्र इच्छा जागृत हुई। ऐसा नहीं है कि मेरे ऊपर कोई बंधन था या मुझे किसी ने शिफाली से मिलने के लिए मना किया था मैंने यह रोक स्वयं अपने ऊपर लगा रखी थी नियंत्रण रखने के लिए ताकि मैं केवल अपनी स्विमिंग और अपने मिलिट्री के कैरियर पर ही ध्यान दे सकूं क्योंकि ट्रेनिंग खत्म होने में केवल 15 दिन ही शेष थे और मैं इन 15 दिनों का पूर्ण रूप से उपयोग सही उपयोग करना चाहता था। शिफाली के वह शब्द जिन्होंने मेरे जीवन को सतरंगी सपने दिए वह शब्द थे "मुबारक हो, तुम पिता बनने वाले हो"। "बस करो बसया, और कितना पियोगे? उठो तुम्हारी सेहत खराब हो जाएगी इतना शराब पीने से कुछ नहीं मिलेगा" सीना मुझे यह कहता गया पर मैंने उसकी बात नहीं सुनी "थक गया हूं मैं इस जीवन से क्या मेरे भाग्य में भगवान ने बिछड़ना की लिखा है? अगर मुझे मुझसे सब कुछ छीनना ही है तो प्रभु मुझे सब देते ही क्यों है? क्या मैंने कहा था प्रभु से ऐसी मेरे जीवन में लेकर आए ?नहीं, मैंने ऐसा कुछ नहीं मांगा मैं तो कहीं और रहता था यह मेरे जीवन में तूफान की तरह आई और तूफान की तरह ही चली गई। एक वह कहती है उसे मेरा चेहरा देखकर उल्टी आती है मैंने क्या पाप किया है? क्यों उसने मेरे बारे में ऐसी बुरी बातें कहीं? पिछले महीने ही शिफाली ने कहा था जैसे ही तुम्हारी ट्रेनिंग खत्म हो जाएगी हम शादी कर लेंगे और हमारा अपना एक छोटा सा घर होगा हमारा एक प्यारा सा बच्चा भी होगा मैं तुम्हें जैसा कैथरीन जैसा प्रेम करूंगी पता नहीं यह सब सच है या झूठ था, या सिर्फ उसका एक खिलवाड़ था मेरी भावनाओं के साथ। 1 मैंने सुना है कुछ लोग होते हैं ऐसे जिन्हें इस तरह के अवसाद भरे दुख देने का

शौक होता है ट्रेनिंग के दौरान मेरे एक कर्नल ऑफिसर ने मुझे यह बात बताई थी कि हमारे समाज में बहुत सारे ऐसे मानसिक रूप से बीमार लोग घूमते रहते हैं जिन्हें दूसरों को दुख पहुंचाने में मजा आता है हो सकता है शिफाली भी उन मानसिक रूप से बीमार लोगों में से एक हो वरना क्यों वह शादी के बारे में मुझसे बात करती घर सजाने की बातें करती और वह सब जो उसने मुझे कहा कि उसके पिता जी मान गए हैं क्या जाने क्या सच है क्या झूठ है?, फोन पर उसने मुझे बताया कि वह कि मैं पिता बनने वाला हूं और यह उसका तीसरा महीना है इसका क्या सबूत है शिफाली के पास हो सकता है यह उन झूठ की श्रृंखलाओं में से एक छूट हो जो वह कहती है लोगों से यह उसका एक तरीका हो केवल मेरे जज्बातों के साथ खेलने का शायद उसे मुझसे केवल शारीरिक सुख ही चाहिए था क्या इस दौरान पुरुषों से नहीं मिली पार्टी के करने के नाम पर? शायद शिफाली उन लड़कों और पुरुषों से ऊब चुकी थी इसीलिए उसने मेरी ओर रुख किया। क्या हो रहा है मेरे साथ मुझे रेल गाड़ी के नीचे कूदकर जान दे देनी चाहिए", "जैसा कि कहते हैं एक पापी का जीवन 100 साल का होता है शायद मेरी साथ हो रहा है क्यों मैं उसके जाल में फस गया? मरने दो उसको", और बसया शिफाली के नाम पर उसे बद्दुआ ही देता रहा। "ओह बसया शांत हो जाओ बताओ मुझे क्या हुआ है? जरूर कहीं कोई कुछ गड़बड़ है शिफाली बुरी लड़की नहीं है मैं जाकर उससे बात करूंगा", सीना ने ऐसा कहा और मुझे शांत करने की कोशिश करने लगा "तुम उस गंदी लड़की से बात करना चाहते हो अगर तुम उसे मौका दोगे तो वह तुम्हें भी अपने जाल में फंसा लेगी वह ऐसी ही बुरे संस्कार वाली लड़की है अच्छी नहीं है"। "अच्छा ठीक है अगर तुम कहते हो तो मैं मान लेता हूं कि वह अच्छी लड़की नहीं है पर मुझे ठीक से बताओ हुआ क्या है?" सीना ने कहा मेरा सांत्वना देते हुए और मैंने उसे वह सब बताना शुरू किया जो बीते दिन मेरे साथ हुआ था

***

"ट्रेनिंग खत्म होने के बाद मुझे एक हफ्ते की छुट्टी मिली थी ताकि मैं अपने परिवार से जाकर मिल सकूं मेरे सब दोस्त अपने अपने घर चले गए और कल सुबह मैं ऑटो से लेकर शिफाली के घर पहुंचा मैंने उसे नहीं बताया था कि मेरी छुट्टी शुरू हो गई है मैं उसे सरप्राइस देना चाहता था और वैसे भी हमें फोन पर बात किए हुए 10- 15 दिन हो चुके थे और मैं थोड़ा चिंतित था। जब भी मैं फोन मिलाता था उसका फोन बजता रहता और कोई भी फोन नहीं उठाता मुझे कुछ नहीं पता था कि वह मुंबई में है या कहीं बाहर चली गई है या किसी तरह की कोई आपातकालीन स्थिति आ गई है मुझे लगा कि मुझे देखकर बहुत खुश हो जाएगी इसलिए मैं सीधा उसके घर चला गया। कल सुबह मुझे देखते ही उसके चेहरे का रंग फीका पड़ गया ना उसने मुझसे बात करी, ना मेरी तरफ देख कर मुस्कुराई और मुझे घर के अंदर भी नहीं बुलाया उसका रुखा व्यवहार देख कर मुझे बहुत बुरा लगा मैं भी यह सब देखकर हताश हो गया अक्सर शिफाली जब मुझसे गुस्सा होती थी तो वह मुझसे रुखा व्यवहार करती थी मुझे लगा शायद आज भी वह मुझे चिढ़ाने के लिए ऐसा दूर व्यवहार कर रही है" तुम कैसी हो शेफाली? मेरी ट्रेनिंग खत्म हो गई है और अब मेरी हॉस्टल नहीं रही मुझे एक हफ्ते की

छुट्टी मिली है और अगले सोमवार से मुझे इ्यूटी पर वापस जाना होगा इसीलिए मैं तुमसे मिलने चला आया हमारा बच्चा कैसा है? वह क्या कहता है? क्या मेरे बारे में पूछता है? और तुम कैसी हो? हम कल ही चलते हैं और अपने एक घर ढूंढ लेते हैं मैं तुमसे प्रेम करता हूं", मैंने उसे गले लगा लिया मेरे ऐसे करने पर मैं पूरी तरह जल गई और बोली," मुझे अकेला छोड़ दो यह सब करने से मुझे गुस्सा आता है" तुम यहां क्यों आए? किसने तुम्हें आने के लिए बोला? किसने तुम्हें आने की इजाजत? दी चले जाओ यहां से मुझे लगा शायद वह मजाक में मुझे चिढ़ा रही है ताकि मैं उसे और अधिक प्रेम दिखाओ।

***

"कल से हम अपने नए घर में रहेंगे मैं बहुत खुश हूं आज" ऐसा कहकर जैसे ही मैं उसे गले लगाने लगा वह जोर से चिल्ला कर बोली," मुझे अकेला छोड़ दो मुझे चिड़चिड़ा हर्ट हो रही है तुम्हें देखकर तुम यहां क्यों आए हो? प्लीज यहां से चले जाओ ",तो मैंने बहुत ही प्यार से उससे पूछा "ओह हो, क्या हो गया बेबी? क्यों इतनी नाराज हो? गुस्से में भी तुम बहुत सुंदर लगती हो, तुम तो मेरी गुड़िया हो", "प्लीज मुझे अकेला छोड़ दो" फिर से चिल्लाई उसकी आवाज में मेरे प्रति घृणा साफ सुनाई दे रही थी मुझे कुछ समझ नहीं आया कि क्या हो रहा है। इतनी दुर्व्यवहार के बाद भी मैं उसके पास गया और उससे प्रेम से पूछा क्या हुआ शेफाली इतनी गुस्सा क्यों हो? मैंने क्या गलती करी है मुझे बताओ मैं खुद को संभाल लूंगा अपनी गलती को सुधार लूंगा? कह कर मैंने उसे अपने गले लगाया तो उसने मुझे पीछे धकेल ते हुए मेरे चेहरे पर एक तमाचा मारा, "बेवकूफ आदमी तुम्हें क्यों समझ में नहीं आ रहा जो मैं बताने की कोशिश कर रही हूं तुमने कोई गलती नहीं करी है, बस मैं तुम्हारा चेहरा नहीं देखना चाहते आज के बाद कभी मेरे सामने मत आना अगर तुमने मुझसे बात करने की कोशिश की तो मैं अपनी जान ले लूंगी आज हमारी आखिरी मुलाकात है मुझसे मत पूछना कि क्या हुआ है और तुम सब जानते हो दुबारा आए तो मैं बता रही हूं मैं खुद को मार लूंगी। सुनो मैं तुमसे नफरत करती हूं मैं तुम्हें अपने जीवन में नहीं चाहती यहां से चले जाओ और चले जाओ मेरे घर से"। यह सब सुनकर सीना जोर-जोर से हंसने लगा। मुझे बहुत गुस्सा आया उसकी हंसी देखकर मैं भी उसके मुंह पर तमाचा मारना चाहता था ,"बस इतनी सी बात है, मुझे लगा शायद आसमान सिर पर गिर गया है" बोला कि" तुम बेवकूफ हो तुम्हें याद नहीं तुमने 15 दिन पहले मुझे कहा था कि शिफाली से तुम्हारी कोई बात नहीं हुई है तो मुझे जाकर मुझे उसके घर जाकर उसकी खोज खबर लेनी चाहिए याद करो", अक्सर लड़कियां गर्भवती हो कर ऐसी चिड़चिड़ी हो जाती है कभी-कभी बिल्कुल चुप हो, जाती है कभी बहुत ज्यादा बात करने लगती हैं ,कभी गुस्सा करने लगती है, और कभी-कभी बहुत प्यार दिखाने लगती है,। मैंने बताया नहीं था तुम्हें और ध्यान से सुनो यही नहीं उनकी उनके जज्बात ख्याल सबका ध्यान रखना पड़ता है हो सकता है उसके अपने पिता से शादी को लेकर विवाद और लड़ाई हुई हो चिंता मत करो वो एक-दो दिन में तुमसे बात करना जरूर आएगी ",यह सुनकर मैंने कहा" मैं शिफाली को बहुत अच्छी तरह जानता हूं अब मैं इतना बेवकूफ भी नहीं हूं कि उसके असली

गुस्से को ना समझ सकूं ",सीना बोला "हां हां मानता हूं तुम सुपर मैन हो और मैं तुम्हें एक बात और बताता हूं","‚ मैं तुमसे नफरत करती हूं मैं तुम्हें देख नहीं सकती, तुम मेरे जीवन का आधार हो ,तुम्हारे लिए मैं अपना परिवार भी छोड़ सकती हूं, हम आखरी दम तक ऐसे ही रहेंगे, मुझे तुम्हारे पैसे की जरूरत नहीं है तुम मेरे लिए काफी हो, तुम्हारे बिना मैं जी नहीं सकती ,अगर तुम ना बोलोगे तो मैं मर जाऊंगी, , मुझसे अच्छी लड़की मिल जाएगी, मुझे भूल जाओ मुझे अकेला छोड़ दो, यह जन्म सात जन्म का रिश्ता है,.......! लड़कियों द्वारा कहे आम शब्द है लड़कियां ऐसी बातें अक्सर होती बोलती रहती हैं अगर कोई लड़की अपने प्रेमी के सामने यह सब बातें करती है तो उसे समझ लेना चाहिए कि जरूर कहीं कुछ उसे परेशान कर रहा है", शिफाली ने तो कहा तो "तुम्हारा चेहरा नहीं देखना चाहती और तुम यहां से चले जाओ तो इसका मतलब कुछ दिन में ठीक हो जाएगी याद रखना यह एक सच्चाई है जोर से हंसने लगा कहकर सीना जोर से हंसने लगा।

***

"देखो श्रीनिवासन, मैं एक सुलझी हुई औरत हूं यह मेरी उम्र नहीं है बच्चों की तरह बर्ताव करने की मुझे बसया की जरूरत नहीं है। बस मैं उसके साथ नहीं रहना चाहती, एक सीधी सी बात है पता नहीं तुम लोग राई का पहाड़ क्यों बना रहे हो ?,उसके पास जाओ और कृपया करके उसको यह बता दो कि मुझे उसकी जरूरत नहीं है' शिफाली के ऐसे रुष्ट शब्द सुनकर सीना सदके में आ गया पर अब सीना चुप नहीं रह सकता था । उसने बसया से वादा किया था कि वह शिफाली और उसके बीच की गलतफहमी को जरूर दूर कर देगा यह सब सुनकर सीना बोला "यह सब तो ठीक है शिफाली पर कुछ दिन पहले ही तुमने उसे बताया था कि तुम उसके बिना नहीं जी सकती अब क्या हुआ कहां गया प्यार ?,अगर कोई गलतफहमी है तो मुझे बताओ मैं उसे दूर करने की पूरी कोशिश करूंगा", तो यह सुनकर शिफाली बोली "ऐसा कुछ नहीं है अगर कुछ है भी तो मैं किसी तीसरे व्यक्ति यानी तुम्हारे सामने अपनी आपस की बात नहीं करना चाहती यह सब सीधा जाकर सीना के दिल में एक तीर की तरह चुभी। ठीक है तो मुझे मत बताओ पर तुम कम से कम बसया अपने पति के साथ बैठकर तो यह बात सुलझा सकती हो । वह जल बिन मछली की तरह तड़प रहा है उसे कुछ समझ नहीं आ रहा तुम्हारा नाम जपता रहता है बसया की तरह उसका प्रेम भी स्वच्छ और सच्चा है इंसानियत के नाते तुम उसके साथ बैठ कर उसे 5 मिनट का समय देकर इस बात को सुलझा की कोशिश तो करो। बसया यही है मैं उसे बुला लेता हूं तुम दोनों खुले शब्दों में एक दूसरे से इस बात को सुलझाने की कोशिश करो सीना ने विनम्रता से शिफाली को गुजारिश की, "मुझे तुम्हारी ठीक तुम्हारे प्रवचनों की जरूरत नहीं है मुझे यह" इंसानियत के नाते", वाली बातें मत सिखाओ तुम क्यों मेरे पीछे पड़े हो जब तुम्हें मैं बता चुकी हूं कि मैं उससे बात नहीं करना चाहती यहां से निकल जाओ", "ठीक है, मैडम मैं चला जाऊंगा बस एक पर एक आखरी बात बता दो कि तुम्हारी मां बनने वाली बात क्या सच है या झूठ है,"? अब यह सुनकर शिफाली सकते में आ गई शिफाली ने सोचा था कि वह सीना की आत्मसम्मान को

• 76 •

अपने शब्दों से ठेस पहुंच जाएगी और यह बहस और बात ही खत्म हो जाएगी "तुम्हारा इस बात से कोई लेना देना नहीं है यह मेरे और मेरे पति के बीच की बात है यह मेरे और मेरे पति के बीच के गोपनीय बात है बाहर वालों का कुछ लेना देना नहीं है और मैं तुमसे अपनी आंतरिक क्यों बताऊं? तुम्हें शर्म नहीं आई पति पत्नी के बीच की बात पूछते हुए क्या तुम्हारे मां बाप ने ही सिखाया है"? शिफाली का विचार और उस की तकनीक अब काम का आ रही थी कि वह सीना के आत्मसम्मान को ठेस हो जाएगी तो वहां से चला जाएगा यह सुनकर बहुत दुख हुआ क्योंकि उसने शिफाली ने उसके माता-पिता के बारे में गलत बात कही" ठीक है मैडम मैं बहुत सुन चुका बहुत बदतमीजी देख चुका मैं यहां एक शुभचिंतक बन गया था मेरा इस मामले से कोई फायदा या नुकसान नहीं है मुझे ऐसा लगता है कि तुमने शारीरिक भूख मिटाने के लिए मेरे दोस्त बसया का इस्तेमाल किया और वह भी तुम्हें दोस्त समझ कर तुम्हारे जाल में फस गया", यह कहकर जैसे ही सीना बाहर निकलने के लिए उठा शिफाली ने उसका हाथ पकड़ लिया और कहा "मेरी तुमसे एक ही गुजारिश है सीना को कहना कि वह मुझे अपना चेहरा दोबारा ना दिखाएं", शिफाली के घमंडी व्यवहार से दुखी होकर सीना से चला गया पर दोनों को नहीं पता कि मैं (बसया)पेड़ के पीछे छुपा दोनों की बातचीत सुन रहा था।

***

रो रो कर मेरी आंखें(बसया) सूख चुकी थी, मुझे ना भूख लगती थी और ना ही मेरे शरीर में किसी तरह की ताकत थी। एक तो शिफाली का दुख दूसरा यह बात कि सीना को मेरी वजह से इतना कुछ बुरा भला सुनना पड़ा यह दोनों बातें मुझे अंदर ही अंदर खाए जा रही थी। सीना मेरे लिए सब कुछ था मैं मेरा दोस्त, था मेरा रिश्तेदार था, और मेरा मार्गदर्शक भी था पर आज मेरी वजह से उसे एक गंदी लड़की के सामने सिर झुकाना बपड़ा सीना मेरे लिए भगवान स्वरूप था आज मैं जो कुछ भी हूं सीना की वजह से ही हूं सीना ही वह व्यक्ति था जो मुझे स्विमिंग पूल तक ले गया और आज मुझे मिलिट्री में नौकरी मिल गई। मैंने हमेशा सीना से मदद ही ली है बदले में उसे कुछ भी नहीं दिया और आज मुझे शर्मिंदगी महसूस हो रही है कि मैंने सीना को शिफाली के हाथों जलील होने के लिए भेज दिया और मेरी खातिर मेरा प्यारा दोस्त चला या। मैं अपने ख्यालों में खोया हुआ था सीना मेरे पास आकर बोला "देखो बसया मैं जानता हूं कि तुम क्या सोच रहे हो तुम यह सोच कर दुखी हो रहे हो कि तुम्हारी वजह से शिफाली ने मुझे बहुत कुछ गलत बोला है ना?, उसने यह जानबूझकर नहीं किया मुझे भी महसूस हुआ कि वह भी बहुत दुखी हो रही है इस पूरे वाक्य से उसने जो कटु शब्द कहे उन्हें दिल से नहीं कह रही थी यह सब उसने मुझे चुप कराने के लिए और वहां से बाहर भेजने के लिए बोला उसके दिल में तुम्हारे या मेरे लिए कोई नफरत नहीं है मैं तुम्हें एक बात बहुत दावे से बता सकता हूं कि शिफाली तुमसे अभी भी प्रेम करती है पर किसी कारण वह सच से नहीं कह पा रही इसीलिए मेरे बार-बार उकसाने पर वह नाराज हो गई जो कि मुझे झूठी नाराजगी लगी उसके पास मुझे डांट कर और बेइज्जत करके भगाने के अलावा और कोई विकल्प नहीं

बचा था वह जानती थी कि मेरे पास उसके साथ करने के लिए तुम्हारे अलावा कोई और विषय नहीं है इसीलिए उसने जो भी कुछ कहा मुझे उसका कोई बुरा नहीं लगा मैं बिल्कुल निश्चिंत हूं", मैं हैरान था कि सीना के दिल इतना बड़ा है कि इतनी बेज्जती होने के बाद भी वह मुझे सांत्वना दे रहा है और वह भी एक घमंडी और बदतमीज लड़की के लिए सीना मुझे वहां से उठाया और बोला ,"तुम्हें यहां आए 4 दिन हो गए हैं तुमने आज से पहले कभी शराब नहीं पी थी पर आज 4 दिन से तुम सिर्फ शराब ही पी रहे हो देखो तुम्हारा क्या हाल हो गया है ना तुम कुछ खा रहे हो ना आराम कर रहे हो एक इंसान होने के नाते तुम्हारे लिए कुछ खाना बहुत जरूरी है इतना सोचने और शराब पीने से कोई फायदा नहीं होगा चलो उठो अब हम बाहर जाते हैं और कुछ खाकर आते हैं", तो मैंने कह1," नहीं मुझे भूख नहीं है मुझे अकेला छोड़ दो मुझे यहीजमीन पर पड़े रहने दो यह सुनकर सीना बोला अच्छा ठीक है आज का दिन तुम जो चाहो कर लो पर कल से तुम्हें यह सब नहीं करने दूंगा तुम्हें अच्छी तरह खाना खाना होगा और आराम भी करना होगा मैं चलता हूं नीचे ग्राहक मेरा इंतजार करते होंगे अच्छा चलो अब तुम आराम करो "यह कहकर वहां से चला गया1 " क्या? तुम हर समय आत्महत्या करने की बात क्यों करते रहते हो यह क्या बच्चों का खेल है? बेवकूफ आदमी", जिस घड़ी मैंने सीना के बाद सुनी और उसका चिल्लाना सुना मैं अपनी सारी हिम्मत हार गया मेरे अंदर उसको जवाब देने की ताकत नहीं थी अगर ऐसी बात मेरे पिताजी कहते तो मैं उन्हें इस बात का करारा जवाब देता पर सीना के सामने मुंह खोलने की या उसको उल्टा जवाब देने की अब मेरी हिम्मत नहीं थी मुझे उस से आंखें मिलाते हुए भी शर्म आती थी, "और मैं क्या कर सकता हूं उसने मुझे छोड़ दिया1 सब ने मुझे धोखा दिया है मेरा गुस्सा शिफाली के लिए नहीं है मैं भगवान से नाराज हूं जो मुझे इस धरती पर लाए और इस तरह की जिंदगी दी1 क्या मैं सच में इस तरह की दुख भरी जिंदगी के लायक हूं? मुझे तो मर ही जाना चाहिए ऐसी जिंदगी जीने का क्या फायदा? तुम्हें सच बताऊं तो अंदर से तो मैं मर ही चुका हूं यह तो केवल मेरे शरीर है जो चलता फिरता रहता है, शायद मेरी मां मुझसे मिलने को बहुत बेताब है इसलिए वह मुझे इतनी सब परेशानियां दे रही हैं1 मां जानती है कि मैं दुख नहीं सह पाऊंगा और मर जाऊंगा और तुरंत मां से मिल सकूंगा 1 मुझे मत रोको", मैंने सीना से बिना सोचे समझे रोते हुए यह बात की "क्योंकि उस पागल लड़की ने ऐसे बोला तुम अपनी जान ले लोगे? पिछली बार भी तुमने चलती हुई रेलगाड़ी के आगे आत्महत्या करने की कोशिश की थी1 पिछली बार तुमने कोई सीख नहीं ली उसको भूल जाओ अपने लिए जियो तुम हमेशा कहते हो कि तुमने मुझे कभी कुछ नहीं दिया सिर्फ मुझसे लिया है तुम्हें आज चीज मांगता हूं अपनी जान लेने के बारे में सोचना छोड़ कर एक खुशहाल और तरक्की से भरपूर जीवन जी जिसे देखकर वह लड़की जिसने तुम्हें आज छोड़ दिया है कल को जलन महसूस करें और तब सोचे कि तुमने अपना जीवन संवार लिया है उस लड़की की याद में व्यर्थ नहीं किया उसको तुम्हारी याद में आंसू बहाने चाहिए शिफाली ही नहीं हर वह इंसान जिसने तुम्हें दुख दिया है और खासकर तुम्हारी सौतेली मां इतनी ऊंचाइयों तक पहुंच जाऊं ठीक है? लोग तुम्हें देखकर

जलन महसूस करें और दुख महसूस करें जिन्होंने तुम्हारे साथ इतना बुरा बर्ताव किया और एक बात और सुनो अकेले तुम ही नहीं हो दुनिया में जो दुख तकलीफ से गुजर रहे हो तुम्हारे जैसे हजारों लोग हैं यहां पर तो क्या हर किसी को आत्महत्या कर लेनी चाहिए? तुम पहले वाले बसया हम नहीं रहे हो तुम एक योद्धा हो, एक सैनिक हो जिसके कंधों पर देश के लोगों को मुसीबतों से बचाने की जिम्मेदारी भी है। शिफाली के बारे में सोचना छोड़ दो और अपनी नौकरी तथा अपनी ड्यूटी के बारे में सोचो जो तुम्हारी देश के प्रति है। अपने आप को इतना मजबूत और इतना काबिल बना लो कि कल को शिफाली रोती हुई तुम्हारे पास आए और अपने व्यवहार के लिए शर्मिंदा होकर तुमसे माफी मांगे एक चलती ट्रेन के नीचे जान देने से तो अच्छा है कि तुम देश के लिए अपनी जान किसी युद्ध कुर्बान कर दो तब तुम्हारी मृत्यु और तुम्हारे जीवन देने का कोई तो अर्थ होगा। तुम्हारी मां तुम्हारी उपलब्धियों से और देश प्रेम और सेवा से बहुत खुश होगी अभी तुम खुद सोचो कि तुम्हें अपनी मां के सपने पूरे करने के लिए जिंदा रहना है या उस पागल लड़की के लिए जान देनी है जिसने तुम्हें धोखा दिया है" सीना की बातें मेरे दिल पर जाकर लगी मैं सोचने लगा मैं अपना समय और ताकत क्यों बर्बाद कर रहा हूं शादी, बच्चे, परिवार के चक्कर1 में इसके बजाय मुझे अपना ध्यान अपनी नौकरी और अपनी ड्यूटी पर लगा देना चाहिए था। यह एक सपना था जिसे मैंने जिया है और हासिल किया है अब मैं जी लूंगा और शिफाली को यह साबित कर दूंगा कि मैं आपके बिना जी सकता हूं और अच्छी तरह जी सकता हूं। उसने मुझे कहा था कि उसे अपना चेहरा कभी ना दिखाऊं मैं ऐसा कुछ कर दिखाऊंगा कि वह मेरे पास चलकर आएगी और माफी मांगी कि उसने मुझे यह बात कही अब उसके बारे में सोचूंगा भी नहीं सपने भी लूंगा नहीं लूंगा आज से आगे के जीवन तक भी है वह सबसे बड़ी दुश्मन रहेगी", "चलो बहुत बढ़िया", मेरी यह बात सुनकर सीना बोला "तुम्हारी एक हफ्ते की छुट्टी कल से खत्म हो रही है ना? चलो चलते हैं", ऐसा क्या कर सीना आगे बढ़ा और मैं अर्जुन की तरह (सीना) श्री कृष्ण (सीना) के पीछे चल पड़ा।

चारों ओर बर्फ से ढके गगनचुंबी पहाड़ दिखाई दे रहे थे ,यह दृश्य यह इतना मनोरम था कि यह अंदाज लगाना कि कौन सा पहाड़ है कहां धरती है और कहां बादल है बहुत मुश्किल हो रहा था। परमात्मा ने कितने मनोरम प्रकृति सजाई है इस प्राकृतिक सुंदरता को शब्दों में बयान करना बहुत ही कठिन था। एक मनुष्य के लिए असंभव कार्य है अंतहीन सफेद पहाड़! क्या स्वयं भगवान शिव ने अपने हाथों से हिमालय को अपना घर बनाया है यह सुंदरता और यह सफेद रंग गाय के दूध से भी कहीं अधिक सफेद और सुंदर दिखता था। ऐसे लग रहा था मानो हिमालय की पहाड़ियों को किसी ने चमेली के फूल और एक सफेद चादर से ढक दिया। यही वह जगह है जहां से हमारी पूजनीय गंगा नदी निकलती है कई साधु संतों ने अपनी पदचिन्ह छोड़े हैं जिन्होंने हजारों सालों तक कठिन तपस्या करी है और बहुत सारा आत्मिक विज्ञान और ज्ञान को अर्जित किया है। हिमालय की सुंदरता देखकर एक घड़ी सांस रुक जाती थी यह कहना मुश्किल था कि पहाड़ के ऊपर बर्फ है या बर्फ के अंदर पहाड़ बना हुआ है पैरों में से साफ स्वच्छ जल बहता था पता नहीं यह नदी का पानी था या किसी झरने का का पर एक बात पक्की थी अगर भगवान भी हिमालय का स्वच्छ और मीठा जल पीते होंगे। कहीं दूर से ओंकार के जाप की ध्वनि सुनाई दे रही थी मंदिर की घंटियों की आवाज मेरे दिल और आत्मा को छू रही थी वहां मैंने कुछ पत्ते देखे, देख कर मैं यह सोचने लगा कि क्या इन पत्तों का रंग स्वाभाविक रूप से ही सफेद है यह बर्फ पड़ने से सफेद हो गए हैं। हिमालय के क्षेत्र में एक बांध टूट गया था और बहुत से घर और लोग उस बांध के टूटने की वजह से पानी में समा गए थे उन लोगों उनके दुख को समझना और बताना नामुमकिन था चारों तरफ पानी था कहीं-कहीं तो कमर तक पहुंचने वाला पानी था और कहीं कहीं छाती की ऊंचाई का पानी था चारों तरफ घर पानी से तहस-नहस हो गए थे। मैंने अब तक प्राकृतिक विध्वंस के बारे में केवल सुना था पर आज देख भी लिया कि कितना घातक और निर्मम हो सकता है हमें मुंबई से यहां लोगों की जान बचाने के लिए भेजा गया था। इस घटना के 10 दिन पहले शिफाली ने मुझे धोखा दिया था क्योंकि मैं हो उस समय हॉस्टल में रह रहा था और अकेला था तो शिफाली की यादें मुझे और भी अधिक परेशान कर रही थी मेरे अंदर चल रहे द्वंद का कोई अंत नजर नहीं आता था। उस समय इस बार की खबर आई 5 सिस्टर्स एक प्रसिद्ध नदी का नाम है हमें बताया गया कि उनमें से एक नदी में पानी का बहाव बढ़ गया है वह पानी जो

कभी लोगों की जीवन जीने का एक स्रोत होता था आज उनके आंसू का कारण बन गया है।

केवल इंसान ही नहीं जानवर और पक्षी भी इस भीषण बाढ़ की तबाही के कारण जद्दोजहद कर रहे थे कितना कीमती होता है एक जीवन यह मुझे उस दिन समझ में आया जब उन इंसानों और जानवरों को मैंने मदद के लिए पुकारते देखा । उस दिन मुझे एहसास हुआ कि मैं कितना बेवकूफ था जो एक लड़की के धोखा देने के कारण अपनी जान देने को तैयार हो गया, खैर 15 दिन मेरी जिंदगी के सबसे महत्वपूर्ण दिन थे बाढ़ का पानी धीरे-धीरे कम होने लगा था और हमने जिन लोगों को बचाया था उन्हें सुरक्षित स्थानों पर पहुंचा दिया था जिनके खाने-पीने और स्वास्थ्य सेवाएं सरकार ने प्रदान की थी अब हमारी जिम्मेदारी अंतिम चरण में थी 2 दिन बाद हमारा हवाई जहाज हमें वहां से मुंबई ले जाने के लिए तैयार था। हम चार लोग वहां से अपने उच्च अधिकारियों से अनुमति प्राप्त करके मुंबई की ओर रवाना होने के लिए तैयार थे हम रास्ते भर हिमालय और उसकी सुंदरता को देखते आए और विषम घड़ियों में मुझे एक सेकेंड के लिए भी शिफाली का ख्याल तक नहीं आया। बल्कि मेरा ध्यान केंद्रित था जिन्हें हमने बचाकर शरणार्थी कैंप तक पहुंचाया था। मैं गहरी सोच में था कि किस तरह हिमालय पर्वत ने वक्त के इंतिहान मैं खुद को खरा उतारा है और आज भी वैसे ही खड़े हुए हैं । मैं पूरी तरह से हिमालय की सुंदरता साफ सफाई और विशालता में को लेकर मंत्र मुग्ध होता रहा। अब मैं मुंबई पहुंच गया था पुराना बसया कहीं खो गया था उन बर्फ से ढके पहाड़ों। में अब जो बसया है जिंदा है पहले से कहीं अधिक खुश ,है उसमें नई उर्जा, है और नया मैंने दृढ़ निश्चय किया कि मैं अफसोस जैसे शब्द को अपने नजदीक भी नहीं फटकने दूंगा। मैं अपने आप को दिन रात काम में व्यस्त रखता था मैंने अपने अंतर्मन को हुक्म दे दिया था कि मुझे कभी भी किसी भी समय शिफाली की याद ना दिलाई जाए। अब मैं अपने आप को परिपूर्ण और संपूर्ण समझने लगा था मैं कभी-कभी समुद्र के किनारे सीना के साथ घूमने जाता था हम दोनों वहां बैठते थे, खाते थे ,चाय पीते थे और बातचीत करके घर आ जाते। । यह नई जिंदगी मुझे मानसिक और शारीरिक बल दे रही थी इन सब खुशियों के बीच मुझे गहरा सदमा और झटका देने वाली खबर मिली- वह थी कि शिफाली का देहांत हो गया है। " मैं तुम्हें बसया ही कहूंगी वैसा ही पुकारूंगी तुम मेरी जिंदगी हो ऐसे लगा जैसे यह पल जो तुम्हारे बिना बताए हैं यह सदियों के लंबे पल थे जिस घड़ी मैंने तुम्हें देखा था मैंने उसी घड़ी खुद को तुम्हें समर्पित कर दिया था। जब तुमने मुझे बताया कि तुम मेरे दोस्त बनने के लिए तैयार हो तो मैं खुशी सब पगला होती थी मैं बहुत उतावली थी इस इंतजार में कि तुम्हारी ट्रेनिंग खत्म हो और हम एक नया जीवन शुरू करें मेरा बच्चा जो हमारे प्रेम और जीवन समर्पण का प्रतीक था पर मुझे डॉक्टर ने बताया कि मुझे बच्चेदानी का कैंसर है तुम्हें जीने की पूरी इच्छा ही खत्म हो गई इस तरफ बच्चे का पतन करना पड़ा और उसने मुझे बताया कि मेरा जीवन अब केवल 6 महीने ही शेष है किसके साथ में अपना दुख बांटती और किस की गोद में सर रखकर रोती और अपना दिल हल्का करती मुझे नहीं पता। जिस दिन डॉक्टर ने बताया मैं उसी दिन भर गई थी मैं खुद को रोक नहीं पाई। सिर्फ तुमको मिलने

की इच्छा दिल में रखे हुए थे इसलिए आत्महत्या नहीं कि मैं तुमसे मिलना चाहती थी तुम्हें गले लगाना चाहती। मैंने निश्चय किया कि मैं खुद को मजबूत बनाओ मैं नहीं चाहती थी कि तुम जिस काम को गए हो उसे उसे छोड़कर वापस आ जाओ। अब मेरा जीवन तो अब केवल 6 महीने शेष था, तुम तो एक नया जीवन शुरू करें और तुम एक बहुत सीधे साधे इंसान हो जीवन जीने के लिए। मैं जानती हूं तुम मुझसे कितना प्रेम करते हो और मैं जानती हूं तुम मेरे बिना नहीं जी पाओगे जिस घड़ी मेरी मृत्यु हो जाएगी इसीलिए मैंने तुम्हारे दिल में अपने खिलाफ नफरत जगाने की कोशिश की। मुझे तुम्हारा प्रेम चाहिए था तुम्हारे शरीर नहीं तुमने मुझे इतना प्यार दिया है मुझे अगले जन्म तक काफी होगा। मेरी बीमारी के दौरान मेरे कई तरह के टेस्ट हुए और इलाज कि नई तकनीक रोज मुझे मौत की ओर धकेल रही थी कीमो थेरेपी ने मुझे बहुत तकलीफ थी वह तो इससे भी अधिक तकलीफ दी थी कई बार इतना दर्द होता था कि मैं चिल्लाती रह जाती थी कुछ समझ नहीं आता था क्या करूं। मेरे पास सीना का धन्यवाद करने के लिए भी पर्याप्त शब्द नहीं है उसने मेरा इस दुखी समय और परेशानी के वक्त में साथ दिया और मेरे साथ हस्पताल जाता था। मैंने सीना से वादा लिया था कि वह तुम्हें इस सब के बारे में ना बताएं उसे मैंने यह भी कहा कि है चिट्ठी तुम्हें मेरी मौत के बाद ही दे। जब तक सीना तुम्हारा दोस्त है तुम्हारे जीवन सदैव सफल रहेगा तुम एक अच्छी लड़की से शादी कर लेना और अपना जीवन आगे बढ़ाना मैं अगले जन्म में तुम्हारी बेटी बनकर वापस आऊंगी और हमेशा तुम्हारे साथ रहूंगी। हमेशा मुस्कुराते हंसते रहना और ध्यान से सुनो मैंने तुमसे जितना प्यार किया है कैथरीन के प्यार से 10 गुना अधिक है आई लव यू बस,या तुम्हारी शिफाली। चिट्ठी पढ़ते मुझे ऐसा लगा कि मेरे शरीर से किसी ने आत्मा खींच लि हो मुझे लगा मुझे बहुत गुस्सा आया कि मैंने शेफाली के ऊपर विश्वास नहीं किया और उस पर नाराज हुआ। मैं अपने आप से शर्मिंदा था कि मैं क्यों उसके प्यार को नहीं समझ पाया और उसकी गहराई को नहीं समझ पाया मेरे हाथ पांव कांपने लगे और मेरे मेरी आंखों से आंसू गिरने लगे मेरे हाथों से चिट्ठी गिर गई और मेरे आंसुओं से चिट्ठी भीग गई थी। मुझे लगा कि धरती में समा जाऊं ,आकाश मेरे सिर पर गिर जाए उस समय मेरे शरीर में उर्जा गर्मी दौड़ने लगी मुझे शर्मिंदगी महसूस हुई, शिफाली मुझसे प्यार करती थी और मैंने उसे बदले में क्या दिया उसने तो मुझे अपना दुख भी नहीं कहा अकेले ही सब सहती रही उसने मुझे हमेशा प्यार और खुशी ही दी है और उसे कितना दुख हुआ होगा जब वह बच्चा मर गया कितने दुख से गुजरी होगी कितनी बार में रोई होगी चिल्लाई होगी और मुझसे अपने दुख कभी नहीं बांटा मैं हिमालय चला गया अपने आप को खोजने अगर मैं एक बार उसकी आंखों में झांक कर देख लेता तो मैं खुद को वैसे ही ढूंढ लेता मुझे एहसास हुआ कि मैं सीना के सामने कुछ भी नहीं हूं सीना एक विशालकाय हिमालय पर्वत की तरह है। क्या मैं उसके प्रेम और क्या मैं उसकी दोस्ती के लायक हूं? मुझे ऐसा लगा उस समय जैसे मैं किसी पर्वत की चोटी के ऊपर खड़ा हूं मुझ में टांग हिलाने की भी हिम्मत नहीं थी रो-रोकर में आंसुओं से भीग गया था और पसीना से ऐसा लग रहा था जैसे मैं जिस पर्वत पर खड़ा हूं

वह पर्वत हिल रहा है और वहां से बर्फ पिघलने लगी है उस समय भी मैं एक कदम भी नहीं चल पा रहा था अगर यह पहाड़ गिर जाए तो क्या हम जिंदा बचेंगे? मुझे ऐसा लगा कि मैं यहां से भाग जाऊं या कहीं जाकर छुप जाऊं मेरे हाथ पांव सुन पड़ गए थे ।

***

मैं हिल भी नहीं पा रहा था यह तूफान जो मेरे जीवन में आया था इतना भयानक था कि मैं खुद को संभाल नहीं पा रहा था और ऐसे लगा कि जैसे उस पर्वत ने मुंह खोला है और उसने मुझे अंदर निकल लिया है। और एक आवाज आई और मैं जमीन में गिर गया.....

***

मैं जमीन में गिर गया...मेरे पूरे शरीर में दर्द होने लगा जब मैं उठा मैंने आस-पास देखा"

***

बस "अरे बसया अभी तक सो रहे हो उठो? पागल ! आधा दिन चढ़ाया है और तुम अभी तक सो रहे हो? उठ क्या तुम्हें किसी भूत ने जकड़ लिया क्या तुम नींद में कुछ बड़बड़ा रहे थे जैसे शेफाली, मुंबई, मिलिट्री, पूरी रात। पता नहीं तुम्हें क्या हुआ है बहुत सपने देख लिए अब उठो गोबर साफ करो और घर के काम में हाथ बताओ ।" ....अंदर से सौतेली मां की आवाज सुनाई दे रही थी मैं उठा ठंडे पानी से अपना मुंह धोया और गाय के तबले की ओर चल पड़ा।

*** धन्यवाद शुभारंभ ***